AF130827

Alfred Riepertinger
Mein Leben mit den Toten

Alfred Riepertinger
Shirley Michaela Seul

Mein Leben mit den Toten

Ein Leichenpräparator erzählt

HEYNE‹

Penguin Random House Verlagsgruppe FSC® N001967

6. Auflage
Redaktion: Tamara Rapp, München

Copyright © 2012 by Wilhelm Heyne Verlag, München,
in der Penguin Random House Verlagsgruppe GmbH,
Neumarkter Straße 28, 81673 München
Umschlaggestaltung: Nele Schütz Design, München
Umschlagfoto: Kay Blaschke, München
Satz: EDV-Fotosatz Huber/Verlagsservice G. Pfeifer, Germering
Druck und Bindung: GGP Media GmbH, Pößneck
Printed in Germany
ISBN 978-3-453-20015-9

www.heyne.de

Dieses Buch widme ich meinen verstorbenen Eltern Rudolf und Anna Riepertinger sowie Dr. Ernst Keiditsch und Uwe Kostelecky, den Menschen, die maßgeblich daran beteiligt waren, dass ich einen der schönsten und interessantesten Berufe der Welt ausübe.

Vorwort von Mark Benecke

Medizinische Präparatoren leben zwischen den Welten. Weder sind sie die in Krimis respektvoll beäugten Leichenärzte noch die wahlweise schmissig bis verkracht dramatisierten Ermittler. In diesem Limbus bleiben Präparatoren, stets Handwerker, lebenslang und schreiben dabei keine langen Aufsätze und erst recht keine populären Bücher. Alfred Riepertinger hat das geändert. Es wurde auch Zeit.

Denn anders als in rechtsmedizinischen Abhandlungen, die erklären, was den Menschen umbringt, geht es hier um die Geschichte eines lebenslang staunenden Buam, der schon mit 16 Jahren begeistert sein erstes Grab zuschaufelt. Zwei Jahre später ist Riepertinger, eingedenk seiner klar erkennbaren Begeisterung sowie eines frischen Führerscheines, bereits Capo eines Bestattungsteams. Er landet dann als Zivildienstleistender in einer zu seinem Glück sehr guten Abteilung für Pathologie und erkennt dort seine Berufung: Präparator zu werden. Mit Leib, Seele, Haut, Haaren und einer Vorliebe für Kaiserling-Lösungen. Wozu man die braucht (und auch, was ein Bua ist), erfahren Sie im Buch – ebenso wie den Unterschied zwischen Pathologie und verwandten Fächern, das Geheimnis einer sagenumwobenen Holzkiste sowie einige sehr spannende Gedanken dazu, was der Tod eigentlich ist und was nicht.

Denn während ich als Biologe meine, dass man ab dem 25. Lebensjahr einfach langsam, aber sicher abbaut und damit also stirbt, ist Riepertinger wesentlich hemdsärmeliger am Thema. Von einer Kartoffelleber hatte ich beispielsweise noch nie etwas gehört, und die »große Kraft, die ein Mensch vor seinem nahen Tod entwickeln kann«, erlebt man als einer, der fast nur an faulen Leichen arbeitet, auch nicht. Auch dass Herzstiche als postmortale Versicherung gegen scheintote Bestattungen noch immer – zumindest in Wien – durchgeführt werden und es eine eigens zur Leichenbefüllung hergestellte Kräutermischung mit Lavendel und Kubeben gibt, dürfte nicht nur mich erstaunen. Sogar ein paar Präparatorentricks verrät der Autor, beispielsweise wie man Leichenblässe wieder rosig aussehen lässt und wie die Augenlider von Toten würdevoll geschlossen bleiben, ohne sie zuzukleben.

Natürlich überschneiden sich die Arbeitsgebiete aller, die mit Toten arbeiten. Riepertinger regt sich daher genauso wie ich über rauchende und saufende Studenten auf, die damit ihre Jahrzehnte später auf dem Sektionstisch freiliegenden Organe schädigen, und wir haben beide dieselbe Skepsis gegenüber Motorrädern, die durch Unfälle mehr Lebensfreude rauben, als sie schenken. Ebenfalls haben weder Riepertinger noch ich je eine der angeblich »süßlich« riechenden Leichen erlebt. Kein Wunder – Tote geben eben muffige, fäkale, stechende, käsige oder wie Feuerzeugbenzin leicht würgereizerzeugende Geruchsstoffe ab – aber warum um alles in der Welt sollten sie nach Zucker riechen?

Für Außenstehende irritierend ist vermutlich eine weitere gemeinsame Einstellung, nämlich das partielle Unverständnis für Suizide. Wo mitfühlendere Menschen vor allem das Leid der Freitoten sehen, ärgern wir uns über verspritzte Gehirnteile und bedauern traumatisierte Zugfahrer. »Aber natürlich denkt daran keiner, dem alles egal ist«, sagt Riepertinger dazu sehr treffend und verständlicherweise resigniert.

Muss einen der tägliche Umgang mit dem Tod nicht doch ein wenig angreifen? Na klar. Riepertinger ist sich sicher, dass das Leben nur der Weg zwischen zwei großen Meeren ist, die man mit dem Ziel durchschreitet, diejenigen (und einige mehr) wiederzutreffen, die man im Leben verloren hat. Das sind in seinem Fall ganz sicher die geliebte Oma und der Vater, wie man in vielen sehr persönlich gehaltenen Passagen erfährt.

Wenn Sie jetzt auch noch wissen wollen, warum der Autor um den bayerischen Landesfürsten Franz Josef Strauß mehr als eine Träne vergoss, wie der Tod unserem kühnen Präparator im Fall eines berühmten Regisseurs einmal ein äußerst heimtückisches Schnippchen schlug, warum er (der Präparator, nicht der Tod) stets Janker und Lederhose im Kongressgepäck hat und was die Kunst der Plastination mit igelförmigen Puddingschalen zu tun hat, dann sind Sie hier genau richtig.

Das Buch ist nicht lustig, aber sehr unterhaltsam; es ist nicht grausig, aber sehr offenherzig; es ist sehr menschlich, aber zugleich morbide. So wie ich in das wunderschöne Fach der professionellen Präparation mit voller Wucht stolperte, als ich bei der Jahrestagung der Präparatoren ein Bild von faulen Leichen nach dem anderen erklärte und leider erst hinterher feststellte, dass die meisten der Zuhörer und Zuhörerinnen beruflich nicht Leichen, sondern Steine und Blumen haltbar machen, so wird es auch Ihnen mit diesem Lebensbericht ergehen. Er lässt wirklich nichts aus und ist dennoch tröstlich, sodass Sie am Ende garantiert mit der einen Sicherheit im Leben versöhnt sind, die uns alle begleitet, zu der aber keiner frischere und handfestere Gedanken aufgeschrieben hat als Alfred Riepertinger, begeistertster Könner seines Faches: nämlich dem Tod und was vom Menschen übrig bleibt.

Viel Spaß beim Lesen.

Berlin, August 2012

Mark Benecke
Kriminalbiologe

Prolog

Der Tod rettete mir das Leben

An vielen Sonntagen in den Sommermonaten spazierte ich mit meinem Vater nach dem Mittagessen zum Münchner Ostfriedhof, wo wir auch den Toten im Leichenhaus einen Besuch abstatteten. Seinerzeit in den 1960er-Jahren war es gang und gäbe, die Verstorbenen offen aufzubahren. Die verschlossenen Särge in den blumengeschmückten Abteilen befanden sich in der Minderzahl. Unser Heimweg führte dann hinter dem Krematorium einen schmalen Pfad am Bahndamm entlang. Jeder Dampflokomotive, die Richtung Chiemsee an uns vorbeischnaufte, winkte ich begeistert nach. Mit dem »Bapa« Leichen und Dampfloks bestaunen, während meine kleine Hand in seiner großen warmen lag – schöner konnte ein Sonntag gar nicht sein. Heute wohne ich selbst nah an einem Bahngleis, aber Dampfloks sind längst ausgestorben.

Die Leichen und die Züge – Leichenzüge könnte man fast sagen – begleiten mein Leben, das durch einen Fenstersturz noch im Vorschulalter auch ganz anders – und kürzer – hätte verlaufen können. Wieder spielte mein Vater eine Hauptrolle, denn die Leidenschaft fürs Kasperltheater habe ich von ihm geerbt. Ich zeigte meine Stücke am offenen Küchenfenster – wir wohnten im Hochparterre –, und davor standen meine Freunde und schauten gebannt zur Bühne. Ich selbst kniete auf einem Unterbauschrank, und im Eifer des Spiels beugte ich mich manchmal recht weit nach vorne. 2,20 Meter ging es in die Tiefe, wie meine Mutter später maß. Denn eines Tages wagte ich mich zu weit vor, verlor das Gleichgewicht und stürzte kopfüber auf den grobkörnigen Teerbitumenbelag. Im Fallen presste ich mir die Puppe aus dem Kasperltheater an den Kopf. So landete ich, ohne mich ernstlich zu verletzen. Sollte sich hier mein Schutzengel eingeschaltet haben, kam er in der Gestalt des Todes, den verkörperte diese Puppe nämlich. So rettete mir der Tod das Leben. Einige Jahre später stellte ich mein Arbeitsleben in den Dienst des Todes. Seit über 35 Jahren bin ich als Präparator tätig.

»Sie stopfen Tiere aus?«, fragen die meisten Leute und denken an präparierte Vögel und Wildtiere.

»Nein, ich arbeite als medizinischer Präparator an verstorbenen Menschen.«

Bevor die nächsten Fragen kommen, wie das so sei und ob das stimme, was man manchmal höre von all dem Blut, und dass es im Sektionssaal zugehe wie in einer Metzgerei, führe ich aus: »Im Rahmen einer Obduktion überprüfen wir die Diagnose der Ärzte, die den Verstorbenen zu Lebzeiten versorgt haben, sozusagen als klinische Qualitätskontrolle. Man soll nie vergessen: Der Tod kann uns dabei helfen, das Leben, vor allem aber Krankheiten, zu verstehen. Die ganze Medizin basiert auf dem Fach Pathologie.«

Und genau davon handelt dieses Buch, mit dem ich nicht nur Ihre Neugier zu einem Thema befriedigen möchte, das manche gruselig oder unheimlich finden, andere interessant oder lehrreich. Vielleicht gelingt es mir sogar, Sie zu begeistern, wie ich selbst schon so lange begeistert bin von dem Wunderwerk Körper und dem Leben – das mit dem Tod nicht aufhört, sondern manchmal erst dort beginnt. Zum Beispiel, wenn es darum geht herauszufinden, welche unerwünschten Wirkungen Medikamente entfalten können. Das sieht man bisweilen erst, wenn man einen Toten öffnet: ihn obduziert, seziert. Beides bedeutet das Gleiche. Eine Sektion oder Obduktion oder Autopsie bringt ans Licht, wie Krankheiten verlaufen sind. Das hilft den Lebenden, weil durch die in einem Institut für Pathologie gewonnenen Erkenntnisse die Therapien verbessert werden können. Eine Leichenöffnung ist nichts anderes als ein operativer Eingriff nach dem Tod – mit der ordnungsgemäßen Versorgung der Leiche.

Der große Pathologe Rudolf Virchow bezeichnete sie in seiner Rede zur Eröffnung seines Pathologischen Museums am 27. Juni 1899 in Berlin als »anatomische Operation«.

Mortui vivos docent. Diese lateinische Inschrift prangt über den vier Tischen aus Edelstahl im Sektionssaal der Pathologie im Schwabinger Krankenhaus: Die Toten lehren die Lebenden. Und das ist auch gut so, denn wie eine alte Medizinerweisheit besagt: »Wenn Ärzte nicht an Toten lernen können, müssen sie dies an Lebenden tun – und das kann Tote geben!«

Ein toter Mensch kann unendlich viele Geschichten erzählen. Da war die junge Frau, die sich nachts auf die S-Bahn-Gleise legte. An ihren abgetrennten Armen befanden sich unzählige Schnittverletzungen, manche verheilt, andere verkrustet. Diese Verletzungen hatte sie sich selbst beigebracht; Spuren einer leidvollen Existenz. Gerade Suizide werfen oft quälende Fragen auf. Wieso hat sich der Familienvater vor den Zug geworfen? Er war nicht depressiv, hinterließ zwei kleine Kinder und eine verzweifelte Frau. Warum? Selbst wenn Abschiedsbriefe vorliegen, ist es manchmal dennoch kaum nachvollziehbar für Außenstehende, warum ein Mensch seinem Leben ein vorzeitiges Ende setzte. So wie der Mann, der sich am helllichten Tag auf einer von Familien mit Kindern bevölkerten Wiese in einem Park – es war der Lieblingsplatz seines Hundes – in den Kopf schoss: am zweiten Todestag seines schmerzlich vermissten vierbeinigen Gefährten.

Wenn man so viele Tote von innen gesehen hat, erkennt man manches auch an ihrem Äußeren. Oft verrät es mir den Zustand der inneren Organe. Kürzlich ging ich mit meinem Kollegen Ralph Gillich – mit dem mich seit über 18 Jahren eine kollegiale Freundschaft verbindet – zum Mittagessen, da begegnete uns eine Frau mit aufgedunsenem Gesicht, gelblich verfärbter Haut und dünnen Beinen über einem aufgeblähten Bauch. Eine Patientin mit Leberzirrhose, womöglich eine Alkoholikerin, vermutete ich, und Ralph, ich erkannte es an seinem Blick, dachte dasselbe. Im Kreis von Kollegen zu arbeiten, die man mag und schätzt, ist ein großes Glück, und ich kann mich nicht oft genug dafür bedanken!

Manchem Toten bin ich näher gekommen, als es zu seinen Lebzeiten möglich gewesen wäre, denn aus dem Stegreif fallen mir keine Gelegenheiten ein, bei denen ich Franz Josef

Strauß, Rudolph Moshammer, Roy Black oder das Fürstenpaar von Liechtenstein hätte kennenlernen können. Sie alle lagen vor mir auf dem Tisch. Ich habe sie sozusagen von einer Seite kennengelernt, von der sie sich selbst niemals gesehen haben.

Und wer weiß … vielleicht begegnen auch wir uns einmal, liebe Leserinnen und Leser, etwa bei einer Führung durch die Siegfried Oberndorfer-Lehrsammlung mit etwa 1000 ausgestellten Präparaten, die ich seit vielen Jahren als Sammlungsbeauftragter betreue. Das älteste Ausstellungsstück ist eine rund 3500 Jahre alte Mumienhand. Man kann aber auch zahlreiche Exponate von missgebildeten Säuglingen und Totgeburten besichtigen oder studieren, wie sich ein Magen verändert, wenn sein Besitzer Salzsäure geschluckt hat. Ebenso die abgestorbenen schwarzen Füße eines Obdachlosen, der unter schrecklichen Umständen lebte und die Füße mit Plastiktüten umwickelte, weil er den Gestank des faulenden Fleisches selbst nicht mehr ertrug. Fliegen hatten dort bereits Eier abgelegt, und Maden fraßen sich fett. Manche Menschen verwahrlosen unvorstellbar: Unvergessen ist mir der Stadtstreicher, dessen Socken, die er wohl über Jahre nicht gewechselt hatte, mit den Waden verwachsen, förmlich in sie eingewachsen waren. Selbstverständlich sind alle Exponate geruchsneutral konserviert.

Wo wir sein könnten,
wenn wir nicht mehr da wären

Der erste tote Mensch, den ich anfasste, war meine Oma. 1966 verstarb sie in der damaligen DDR und lag offen aufgebahrt in einem kleinen Leichenhaus auf dem Land. Zwei Tage zuvor hatte ich sie noch im Krankenhaus besucht. Ein Telegramm hatte meine Eltern und mich nach Ostdeutschland gerufen, als die Oma spürte, dass ihr Leben zu Ende ging. Obwohl ich ihr nicht oft begegnet war, mochte ich sie sehr gern. Uralt kam sie mir vor. Sie sah aus wie eine richtige Oma – so wie alte Frauen heute nicht mehr zwangsläufig aussehen. Und genauso lag sie auch im Sarg. Wie immer in einem dunklen Kleid und mit Kopftuch. Lang und gründlich schaute ich sie an, denn meine Mutter hatte mir berichtet, dass die Oma seziert worden war.

»Was bedeutet das?«

»Dass man sie aufgeschnitten hat in der Klinik.«

Ich riss die Augen auf.

»Da war sie schon tot«, beruhigte mich meine Mutter.

»Aber warum?«, wollte ich wissen, ein neugieriger Elfjähriger.

»Die Ärzte haben Tante Erna und mich um unsere Zustimmung gebeten. Sie wollten in die Oma reinschauen, um ihre Krankheit besser zu verstehen. Vielleicht gewinnen sie so Erkenntnisse, die ihnen bei anderen Patienten, die ebenfalls an Bauchspeicheldrüsenkrebs leiden, helfen können.«

»Dann kann man sogar helfen, wenn man tot ist?«

»Freilich«, nickte meine Mutter.

»Und auch den Kopf, Mama, haben sie auch den Kopf aufgeschnitten?«

Meine Mutter nickte erneut.

»Aber davon sieht man gar nichts.«

»Vielleicht trägt sie deshalb das Kopftuch.«

»Sie schaut aus wie immer.«

»Ja, das haben sie gut gemacht«, stellte meine Mutter fest.

In dem Dorf, in dem meine Oma gelebt hatte, gehörte es zur Abschiedszeremonie, dass jeder Trauergast die Verstorbene noch einmal berührte, ehe der Sarg verschlossen wurde. Nach und nach gingen alle zum Sarg, legten ihre Hand kurz auf die Schulter oder den Oberarm meiner Oma und verabschiedeten sich von ihr. Dann waren wir an der Reihe. Ohne Scheu berührte ich die Oma an der Schulter. Der Stoff ihres Kleides fühlte sich normal temperiert an. Es war Sommer. Ich hatte keine Angst oder fand das seltsam. Irgendwie war das völlig normal und selbstverständlich. Aufmerksam beobachtete ich, wie der Sarg geschlossen und später an zwei Seilen in das Grab hinabgelassen wurde. Jetzt ist die Oma weg, dachte ich.

Meine Eltern sagten, die Oma sei erlöst. Das stand auch auf ihrem Grabstein. »Erlöst« – und ihr Name. Ich stellte mir vor, dass sie jetzt in einer anderen Welt angekommen war, in einem Paradies, einem blühenden Schlaraffenland. Da konnte man herumtollen und jede Menge Spaß haben. Schmerzen, Ärger und Kummer gab es in diesem großen Garten nicht. Alles Unangenehme war ausgesperrt. Ich wusste meine Oma gut aufgehoben. Meine Eltern waren erleichtert, dass die Oma »es noch geschafft hat zu warten, bis wir da sind«. Da erkannte ich zum ersten Mal die große Kraft, die ein Mensch vor seinem nahenden Tod entwickeln kann. Diese große Kraft ist mir seither unzählige Male begegnet.

Ein Mensch möchte jemand Bestimmten noch einmal sehen oder etwas Bestimmtes erleben, und wenn das geschehen ist, kann er loslassen und zufrieden für immer einschlafen.

Im Laufe meines Lebens bin ich oft gefragt worden, was ich glaube, wo die Seele sei. Ich habe zwei Vorstellungen: Leben und Tod sind beide in einem Ozean beheimatet. Wir stammen aus einem Ozean und gehen in einen Ozean ein. Vor der Geburt befinden wir uns im Atlantik. Der Akt der Geburt findet statt an der Ostküste Amerikas. Das Leben nimmt seinen Weg von Osten nach Westen, von New York nach San Francisco oder Los Angeles, manche kommen sogar bis nach San Diego. Und dann ist der Weg zu Ende und mündet in den Pazifik. Wir sterben im Westen. Die untergehende Sonne symbolisiert den Tod; was im Atlantik begann, endet im Pazifik.

Meine zweite Erklärung ist eher bayerisch-barock. Da halte ich es mit dem Brandner Kaspar. Dort droben im bayerischen Himmel geht es gemütlich zu. Ich stelle mir vor, eines Tages komme ich auch hinauf und treffe viele meiner bereits verstorbenen Angehörigen, Freunde und Kollegen. Da gibt es viel zu erzählen beim Weißwurstfrühstück! Und endlich kann ich auch Menschen kennenlernen, die schon tot waren, als ich auf Erden weilte – Menschen, die ich verehre. Dann kann ich sie all das fragen, was mich brennend interessiert: Wie hast du das gemacht, wie bist du auf diesen Einfall gekommen, jenes zu machen? Professor Carl Kaiserling beispielsweise (1869–1942) würde ich zu gern fragen, wie er auf die Idee verfiel, diese geniale Lösung herzustellen. Dank seines Rezepts zur Konservierung menschlichen Gewebes behalten die Organe in den Gläsern ihre schöne natürliche Farbe.

Ich könnte auch meinen ersten Chef, Professor Langer, und den Hauptpräparator in der Anatomie, Hans Buchheim, fragen, ob sie damit einverstanden waren, dass ich von ihnen eine Totenmaske herstellte – beide Male wurde ich von der jeweiligen Witwe damit beauftragt.

Heutzutage nimmt man nur noch selten eine Totenmaske vom Gesicht eines Verstorbenen ab. Früher war es gang und gäbe, zur Erinnerung sozusagen. Bei der Herstellung der Maske werden zuerst die Haare des Verstorbenen mit Vaseline bestrichen, damit das übers Gesicht fließende Silikon sie nicht verklebt. Wenn das Silikon an der Oberfläche angehärtet ist, folgt eine Stabilisierungsform aus Gipsbinden. Sobald diese komplett abgebunden hat, kann die Maske – das Negativ – abgenommen und mit Stuckgips gefüllt werden. Zum Glück funktionierte das bei meinen beiden verstorbenen Lehrern besser als im Leichenhaus der Gemeinde Wörthsee, wohin ich Ende der 1980er-Jahre vom Sohn eines Freiherrn gerufen wurde. Es war zwar schon Mai, doch für die Jahreszeit zu kühl. Ich schenkte dem Wetter keine Beachtung, und so unterlief mir ein verhängnisvoller Fehler: Ich vergaß, dass Temperaturen von mindestens 18 °C bis 20 °C zur Polymerisation des Silikons notwendig sind. So stand ich – peinlicherweise Seite an Seite mit dem Sohn des Verstorbenen – und wartete darauf, dass das Silikon endlich zu härten begann. Es härtete aber nicht. Ich hatte viel Zeit, mich in dem kleinen kühlen Raum umzusehen, und endeckte schließlich das Thermometer: 12 °C!

»Da können wir warten bis zum Jüngsten Gericht!«, entfuhr es mir, und ich erklärte dem Sohn mein Versäumnis.

»Das kann jedem mal passieren«, zeigte er sich verständnisvoll und half mir dabei, das Silikon vom Gesicht seines Vaters abzutragen. Schließlich formte ich die Totenmaske wie in alten Zeiten mit Gipsbinden, die ich als Stützkorsett für das Silikon mitgenommen hatte. Schön geworden ist die Maske trotzdem.

Einmal im Jahr findet bei uns im Klinikum Schwabing eine Gedenkfeier für die Hinterbliebenen unserer verstorbenen Patienten statt. Vor zwei Jahren hielt ich dort eine Rede, und es war mir ein großes Anliegen, den Trauernden Folgendes mit auf den Weg zu geben: Jeder Tag, seit dem Sie sich von Ihrem lieben Angehörigen für immer verabschieden mussten, bringt Sie dem Tag näher, an dem Sie diesen lieben Menschen wiedersehen werden. Freuen Sie sich also, denn Schritt für Schritt, Tag für Tag kommen Sie denen näher, die schon gegangen sind.

Am schönsten geht sich dieser Weg, so meine ich, in guter Begleitung. Auch ich weiß mich auf meiner Reise westwärts von vielen Menschen begleitet. Manche gehen schneller, andere langsamer als ich. Wir sollten die Zeit auf dem Festland, die Zeit zwischen den Meeren nutzen, um Menschen kennenzulernen, auf die wir uns später freuen!

Die Toten sollen sich bei mir wohlfühlen

Seit meinem 14. Lebensjahr spiele ich Schlagzeug. Mit ein paar Freunden formierte ich mich damals zu der Band »Butlers«. Wir machten Tanzmusik, und später verdienten wir – besonders im Fasching und an Silvester – auch ganz gut damit.

Der katholische Pfarrer Ernst Friedrich, der ein offenes Ohr für junge Leute hatte, stellte uns einen Übungsraum in der Sakristei der alten Dorfkirche von Germering bei München zur Verfügung. Wir durften uns dort gemütlich einrichten, und im Winter spendierte er uns Öl für die Heizung. Im Gegenzug begleiteten die »Butlers« die Jazzgottesdienste am Sonntag. Der Pfarrer freute sich, weil seine Kirche dann voll war. Wenn wir am Samstag davor einen Auftritt hatten, freuten wir uns allerdings ein bisschen weniger. Aber selbstverständlich waren die »Butlers« stets einsatzbereit. Auch in anderen Kirchen und einmal sogar im Kloster Scheyern bei Pfaffenhofen, wo wir als erste Band mit Verstärkern spielten.

Eines Tages entdeckte ich eine kaputte Fensterscheibe in der Sakristei und machte mich auf die Suche nach dem Pfarrer, um ihm den Schaden zu melden.

»Der ist bei einer Beerdigung«, erfuhr ich.

Ich wollte die Sache schnell hinter mich bringen und radelte zum Friedhof, wo ich mich am offenen Grab eine Zeit lang mit den Bestattern unterhielt, die mit der Grabschließung beschäftigt waren. Interessiert beobachtete ich die drei älteren Herren. Sie wirkten, als hätten sie nichts gegen Hilfe.

»Kann ich euch was helfen?«

Sie lachten. Einer fragte: »Bua, was willst denn da machen?«

Das wusste ich sofort: »Darf ich euch beim Zuschaufeln helfen?« Seinerzeit gab es noch keine Grabbagger. Alles wurde per Hand geschaufelt.

»Ja. Da sag ich nicht Nein. Da kannst schon hinlangen.« Einer der Männer reichte mir die Schaufel.

Ich schaufelte also mein erstes Grab zu, und die drei Bestatter nickten anerkennend. Beim Abschied fragte ich sie: »Wer ist bei euch der Capo?«

»Willst dich beschweren?«

»Na! Ich tät gern öfter mal mithelfen.«

»Dann musst dich im Büro melden, in der Augsburger Straße.«

»Mach ich«, sagte ich.

Leichenwagen, Krankenwagen, Feuerwehr und Friedhöfe interessierten mich seit meiner Kindheit: Sie zogen mich geradezu magisch an. Mit meinen Eltern und meinem sieben Jahre älteren Bruder wohnte ich, bevor wir nach Germering ins Eigenheim zogen, in der Raintalerstraße in Giesing, wo meine Eltern eine Hausmeisterei mit mehreren

Wohnblocks betreuten. Vorne auf der Tegernseer Landstraße war immer was los, es war laut, und es gab fast wöchentlich kleinere Autounfälle. Sobald eine Sirene ertönte, rannten wir Kinder aus dem Hof und schauten sehnsüchtig den Einsatzfahrzeugen nach. Ich vielleicht ein bisschen sehnsüchtiger als die anderen. Hin und wieder starb jemand, und dann kam der Leichenwagen. Das waren Höhepunkte! Ich erinnere mich genau an den Opel Blitz, natürlich in Schwarz, mit der faszinierenden Ausstattung, den großen, geschwungenen Fenstern, den gerafften Vorhängen. Und die Särge! Hell und dunkel, mit und ohne Beschläge. Wie schwer so einer wohl war? Heute weiß ich es: zwischen 50 und etwa 100 Kilo, leer. Damals interessierte ich mich nicht so sehr für das, was in dem Sarg liegen mochte. Ich interessierte mich für den Sarg an sich und vor allem für den Leichenwagen. Heute noch finde ich diese alten Fahrzeuge wunderschön. Schade, dass man es nicht mehr merkt, wenn man damit herumgefahren wird, dachte ich mir an manchem Sonntag, wenn ich mit meinem Bapa den Verstorbenen im Leichenhaus einen Besuch abstattete. Ganz nach dem Motto, das heute eines meiner T-Shirts ziert: *Der letzte Wagen ist immer ein Kombi.*

Circa 90 Prozent der Toten lagen offen aufgebahrt. Bleiche Gesichter, umgeben von üppiger Pracht. Blumen, Kränze, Lorbeerbäume. Liebevoll war jedes Abteil ausgestattet. Für mich hatten die Toten hinter dem Glas nichts zu tun mit den Lebenden um mich herum. Die hinter dem Glas waren wächsern und ganz woanders. Es trennte uns nicht nur die Scheibe, sie befanden sich jenseits einer unbenennbaren Grenze.

Die Toten, die ich heute öffne, sehen genauso aus, doch ich nehme sie anders wahr. Ich weiß, woran sie gestorben sind. Als Kind war mir höchstens der Name bekannt, der vorne an der Scheibe mit Steckbuchstaben auf einer Tafel stand. Damals war es im Leichenhaus so prickelnd für mich, weil ich so wenig wusste. Da blieb viel Platz, sich was auszudenken. Was passierte hinter den Türen? Wo wurden die Sargdeckel aufbewahrt und wo die Sargwagen und vor allem diese schönen, schweren schwarzen Bahrdecken, die seinerzeit über die Särge gelegt wurden?

Heute bin ich verantwortlich für die Toten. Bis sie aus unserem Institut für Pathologie abgeholt werden, »wohnen« sie bei uns und befinden sich in meiner Obhut. Da sie keine Möglichkeit mehr haben, sich zu artikulieren, zu beschweren und zu wehren, sorge ich dafür, dass ihr Aufenthalt möglichst angenehm verläuft.

Pathologie und Rechtsmedizin werden häufig miteinander verwechselt, weil sie sich im Ablauf mancher Arbeitsschritte ähneln. In einem Institut für Pathologie werden ausschließlich Verstorbene obduziert, die eines natürlichen Todes, an einer diagnostizierten Krankheit, deretwegen der Patient von einem Arzt behandelt wurde und die das Ableben vorhersehbar machte, gestorben sind. Rechtsmediziner dagegen befassen sich mit Verstorbenen, die durch einen nicht natürlichen Tod, durch Gewalteinwirkung, Unfälle, Tötungsdelikte, Vergiftungen, Suizid, Behandlungsfehler und tödlich verlaufene Folgen ums Leben gekommen sind. Doch auch ein Rechtsmediziner hat es, wie der Pathologe, immer wieder mit Lebenden zu tun, zum Beispiel bei der Beurteilung von Kindesmisshandlungen, Nachweisen von Vaterschaften oder der Blutalkoholbestimmung von Autofahrern.

Im Schwabinger Krankenhaus werden öfter Filmszenen gedreht – auch für die München-*Tatorte* mit den Kommissaren Batic und Leitmayr, die von Miroslav Nemec und Udo Wachtveitl im Duo wunderbar münchnerisch dargestellt werden, sowie für viele andere Produktionen wie *Siska, Der Alte, Polizeiruf 110*. Auch einige Szenen des preisgekrönten Films *Sophie Scholl – die letzten Tage* wurden bei uns gedreht, was diverse Umbauarbeiten erforderte – vor allem in dem Durchgang, wo die Verstorbenen von der Klinik zu uns ins Institut gefahren werden. Jedes Mal, wenn eine Leiche angeliefert wurde, musste die Filmdekoration abgebaut werden, damit wir den Verstorbenen in die Kühlung bringen konnten.

Jemand von denen, die es ganz wichtig hatten – und davon scheint es beim Film nur so zu wimmeln –, bat mich: »Bitte, Herr Riepertinger, achten Sie darauf, dass die Toten gut zugedeckt sind, damit meine Mitarbeiter so was nicht sehen müssen!«

»Natürlich decke ich die Toten zu«, erwiderte ich. »Aber nicht, um Ihre Mitarbeiter vor einem Schock zu bewahren. Ich decke meine Toten zu, weil ich sie vor den Blicken Ihrer Mitarbeiter beschützen will. Die Toten, die wohnen quasi hier. Sie und Ihre Leute, Sie sind lediglich Gäste.«

Der Sektionssaal muss sauber sein! Das impfe ich meinen Kollegen und Schülern immer wieder ein. »Wir müssen so arbeiten, dass jederzeit ein Institutsfremder, ein Arzt aus der Klinik den Saal betreten kann, ohne dass ein altbekanntes Vorurteil durch seinen Kopf spukt: Hier sind Metzger am Werk.« Manche meinen tatsächlich, wir würden mit Körperflüssigkeiten, Magen- und Darminhalt nur so herumspritzen und mit blutbesudelten Gesichtern derbe Witze reißen, während wir in Gummistiefeln durch den Eingeweidebrei am Boden waten.

Neulich, bei einer Führung durch die Pathologie, deutete eine Teilnehmerin auf einen gelblichen Naturschwamm, der auf einem Seziertisch lag. »Hat da jemand ein Organ vergessen?«, wollte sie wissen, noch ganz benommen von den beeindruckenden Formen und Farben, in denen sich kranke Organe präsentieren können.

Die Vorstellung brachte mich zum Schmunzeln. Nein, so was kann nicht passieren. Sauberkeit und Ordnung bilden bei uns das höchste Prinzip, auch wenn uns allerlei untergeschoben wird ...

So erreichte mich eines Tages ein aufgeregter Anruf aus dem Personalrestaurant.

»Bei uns steht ein Plastiksack, und der ist voll mit Abfällen aus der Pathologie, Därme oder irgend so was.«

»Das gibt's nicht«, sagte ich – weil es das tatsächlich nicht geben kann. Alle Organe werden in den Leichnam rückverlagert. Lediglich die kleinen Stücke, die wir für die histologische, also die feingewebliche Untersuchung unter dem Mikroskop aufbewahren, werden nach Abschluss des Sektionsfalls in vorgeschriebenen Behältern in spezielle Sondermüllverbrennungsanlagen für Klinikabfälle gebracht und eingeäschert.

Schließlich wurde der verdächtige Plastiksack in den Seziersaal transportiert. Man hätte meinen können, wir hätten eine Promileiche geliefert bekommen, der Chefarzt unseres Instituts, Professor Wurster, und der Hygieniker des Klinikums wurden hinzugezogen, um das Corpus Delicti zu inspizieren. Der Chefarzt nickte mir auffordernd zu, und ich öffnete den Plastikbeutel. Zum Vorschein kamen stinknormale Küchenabfälle wie Gemüsereste und Filtertüten mit Kaffeesatz. Ich verzichtete darauf, die Plastiktüte nach der Sektion zuzunähen, überführte sie in eine andere Plastiktüte und in den Müll.

»Was seid's denn ihr für Knödlwascher?!«, fragte ich die Mitarbeiter des Personalrestaurants. »Da tät ich doch erst mal selber reinschauen, bevor ich einen solchen Aufstand mach, dann seh ich nämlich, dass ich meinen eigenen Dreck da drinnen hab!«

Es ärgert mich generell, dass alles, was als dreckig eingestuft wird oder als nicht identifizierbar gilt, in der Pathologie landet. Es ist nicht schmutzig bei uns. Ganz im Gegenteil. Bei uns kann man in jeder Ecke vom Fußboden essen!

»Hauptsach is' sauber wasch'n«, so lautete der Leitspruch meines Lehrers Othmar Vesely, den er in seinem klangvollen österreichisch-böhmischen Dialekt nicht müde wurde zu wiederholen.

Die Leiche waschen, den Tisch, das Besteck, die Handschuhe, die Schürze, den Boden, sich selber. Alles sauber. Das Reinigungspersonal, das in der Pathologie arbeitet, darf keine Angst vor Geistern haben – nicht ohne Weiteres selbstverständlich, da in manchen Kulturen der Glaube herrscht, dass die Seelen der Verstorbenen nachts spuken. Wer bei uns tätig ist, hat keine Berührungsängste mit dem

Tod und seinen Spuren, Gerüchen. Wir können ja nicht dauernd Mitarbeiter wiederbeleben, die wegen des Anblicks der Leichen umkippen. Tote sind nicht nur blass und schön hergerichtet. Der geöffnete Körper blutet. Wenn man den Bauchraum öffnet, riecht es nicht gut. Es kann auch stinken. Sogar bestialisch. Vor allem, wenn der Körper schon etwas länger liegt oder korpulent ist und die Autolyse, die Selbstverdauung durch die körpereigenen Enzyme, begonnen hat. Die olfaktorischen Eindrücke sind meistens intensiver als die optischen. Mit Maske arbeite ich allerdings nur, wenn ein Leichnam derart in Fäulnis übergegangen ist, dass ich Gefahr laufe, beim Atmen Toxine aufzunehmen durch die Aerosole, die Schwebstoffe in der Luft.

Meine Berufskleidung im Sektionssaal besteht aus einem weißen Kittel mit kurzem Arm und roten Gummihandschuhen, die mir bis zum Unterarm reichen. Eine weiße Plastikschürze schützt meinen Kittel. Die Arme sind frei, denn die Haut ist der beste Schutzmantel. Hier kann ich alles sofort wegwaschen und desinfizieren. Das heißt aber nicht, dass ich den nötigen Respekt vor Viren und Keimen verloren hätte. Entscheidend ist, dass man weiß, mit welchen »Angreifern« man es zu tun hat – dann kann man die entsprechenden Schutzmaßnahmen treffen. Bei uns im Klinikum Schwabing gibt es für infektiöse Sektionen einen speziellen Raum im Untergeschoss, in dem wir auch extrasicher gekleidet sind: Einmalschürzen aus Plastik, ein doppeltes Paar Handschuhe, Einmalhandschuhe aus Nitril, darüber die roten Sektionshandschuhe, Ärmelstulpen aus Kunststoff, Überschuhe, Mundschutz und Schutzbrille.

1988 passierte das, was nicht passieren soll: Bei der Sektion eines an Aids erkrankten Patienten stach ich mich mit einer Nadel. Es war ein Freitag und schon nach 15 Uhr, und diese Sektion musste, so hieß es, unbedingt noch vor dem Wochenende durchgeführt werden. Im Raum nebenan unterhielt sich eine Gruppe von Leuten, mehrfach ging jemand durch den Sektionssaal – diese Unruhe störte meine Konzentration. Beim letzten Stich der Kopfnaht übersah ich meinen eigenen linken Daumen und stach mit der Nadel hinein, sodass ich mich in den nächsten Wochen öfter fragen musste, ob ich mich angesteckt hatte – bis endlich das negative Testergebnis vorlag. Damit so etwas nie wieder geschehen konnte, schlug ich meinem damaligen Chef vor, dass solche Sektionen nur noch um acht in der Frühe durchgeführt werden sollten und dass außer dem obduzierenden Team lediglich der Schreiber anwesend sein dürfe. Erst wenn die Sektion abgeschlossen sei, sollten die Kliniker und die Herren der Forschungsgesellschaft für Umwelt und Gesundheit – die in solchen Fällen die natürliche Folge von neuen Krankheiten waren, die sie für die Wissenschaft untersuchten – mit ihren Styroporkisten den Raum betreten dürfen.

»Herr Riepertinger, Sie hend recht. Wir werden das in Zukunft anders mache, grad so, wie Sie g'sagt hen«, nickte mein Chef, der aus Schwaben stammende Professor Wurster.

Wenn sich die Todesursache auszahlt

Wenn wir während der Sektion eine unnatürliche Todesursache feststellen, sind wir verpflichtet, das unverzüglich der Kriminalpolizei oder der Staatsanwaltschaft zu melden. Menschen, bei denen von vornherein klar ist, dass sie keines natürlichen Todes gestorben sind, werden – sobald es die Staatsanwaltschaft anordnet – ohnehin im Institut für Rechtsmedizin obduziert.

Jeder Bürger kann seinen Leichnam der Anatomie zur Ausbildung von Medizinstudenten zur Verfügung stellen. Früher war dies eine gängige Maßnahme, um den Angehörigen die Bestattungskosten zu ersparen, die dann vom jeweiligen anatomischen Institut übernommen wurden. Heute fallen für den Körperspender Gebühren zwischen 1100 und 1300 Euro an.

Die Toten, die auf unseren Sektionstischen zu liegen kommen, haben entweder zu Lebzeiten ihrer Sektion zugestimmt, oder ihre Angehörigen haben es getan, als sie von den behandelnden Ärzten gefragt wurden, ob sie den Verstorbenen kostenfrei obduzieren lassen möchten. Eine Sektion in der Klinik ist im Bettensatz inbegriffen – und manchmal führt sie zu einem überraschenden Ergebnis, das sich für die Angehörigen auch in finanzieller Hinsicht auszahlen kann:

Ein 60-jähriger Mann war am vierten Rezidiv einer Meningitis – einer Hirnhautentzündung – verstorben. Kurz zuvor hatte mir mein Präparatorkollege Günther Zabel – der sich gern so vorstellte: »Großes Z und kleiner Abel, fertig ist der Name Zabel« – vom Institut für Pathologie am Allgemeinen Krankenhaus in Hamburg-Altona eine Technik gezeigt, wie man den kompletten knöchernen Schädel des Verstorbenen während der Sektion entnehmen und einen Abguss aus Silikon sowie ein Gipspositiv anfertigen kann, das wieder in den Körper eingebaut wird, um den Schädel für die Aufarbeitung von wichtigen Befunden weiterhin zur Verfügung zu haben. Das war in diesem Fall vonnöten, da ich bei der Abpräparation der Kopfhaut an der rechten Augenhöhle ein sogenanntes Trepanationsloch, ein Bohrloch, wie es üblicherweise Neurochirurgen hinterlassen, entdeckte. Die Recherche ergab, dass dieser Mann als Bauarbeiter vor vielen Jahren von einem schweren, vom Gerüst gefallenen Eisenstück am Kopf getroffen worden war. Wir stellten fest, dass der Knochendefekt nahe der Augenhöhle plastisch nicht komplett abgedichtet worden war, und konnten somit beweisen, dass die dadurch entstandene Meningitis auf dem Unfall basierte. Das führte dazu, dass die Witwe des Verstorbenen eine Unfallrente zugesprochen bekam. Also hat Friedrich Hebbel ausnahmsweise nicht recht, wenn er feststellt: »Der Tod begeht keinen Fehler, wenigstens macht er keinen wieder gut.«

Früher gehörten oft ehemalige Soldaten zu unseren Sektionen, die an den Folgen ihrer Verletzungen aus dem Zweiten Weltkrieg gelitten hatten. Die Versorgungsämter wollten von uns wissen, ob diese alten Verletzungen maßgeblich zum Tod beitrugen. Gelegentlich werden solche Fragen erst nach der Beerdigung gestellt – und dann ist es vorteilhaft, wenn der Verstorbene keine Feuerbestattung wünschte. Ich erinnere mich an einen Fall, in dem eine Berufsgenossenschaft drei Monate nach dem Tod eines Mannes die exakte Todesursache erfragte. Um diese herauszufinden, musste der Leichnam exhumiert werden.

Als wir – Professor Wurster, mein Kollege Ralf Keßler und ich – um sechs Uhr morgens auf dem Friedhof Hohenkammer bei Freising ankamen, legten ein Bestatter und seine Mitarbeiter den Sarg gerade frei. 100-Watt-Leuchten erhellten die Szenerie wie bei einem Filmdreh. Sogar die Friedhofskirche erstrahlte halbseitig in der Morgendämmerung. Die Bestatter hatten fleißig gearbeitet, der Sarg war bereits offen, und mein Blick fiel auf einen Leichnam, der nach drei Monaten in der Erde dank der lehmigen Bodenbeschaffenheit sehr gut erhalten war; deutlich konnte ich die Gesichtszüge erkennen, auch die Hände, die aus den Anzugärmeln herausragten, fast leuchtend in ihrem wächsernen Farbton. Eine stärkere Geruchsentwicklung war nicht festzustellen. Die Bestatter hoben den Sargboden mit vier Haken an, und wir legten den Leichnam auf ein vorbereitetes Brett, wo ich, auf dem Boden kniend, die Sektion begann. Mein Kollege Ralf Keßler assistierte, nahm mir das nicht mehr benötigte Instrumentarium ab und legte es in Desinfektionslösung ein. Unser Chef, Professor Wurster, dokumentierte die Leichenöffnung mit seinem Diktiergerät.

Ich knöpfte den Anzug des Verstorbenen auf und legte die Brust- und Bauchpartie frei, dann zog ich mit dem Hautmesser einen Schnitt von der Schlüsselbeingrube bis zur Schambeinfuge und präparierte die Rippen frei, öffnete anschließend mit einer Rippenschere den Brustkorb und entfernte den Darm. Ralf und ich hatten große, fest verschraubbare Kunststoffbehälter dabei, um die Organe und alles Übrige mitzunehmen und im Institut gründliche Untersuchungen durchführen zu können. Ich präparierte die Halsgefäße bis zum Kieferwinkel, um das Brustpaket herauszulösen, das ich oberhalb des Zwerchfells durchtrennte und wie alles andere meinem Kollegen zur Einlagerung übergab. Danach entnahm ich das sogenannte Oberbauchpaket, zu dem die Leber mit der Gallenblase, der Magen, die Bauchspeicheldrüse und die Milz gehören. Zum Schluss reichte ich Ralf auch noch das sogenannte Urogenitalpaket mit den beiden Nieren, Nebennieren, der Bauchschlagader, Harnblase mit der Prostata und den Beckenschlagadern. Nun füllte ich den Körper komplett mit Zellstoff aus und nähte ihn mit dünnem, gewachstem Faden zusammen. Ich knöpfte den Anzug wieder zu und widmete mich dem Schädel. Hierzu legte ich den Kopf des Toten mangels Kopfstütze auf einen Stein, um die Eröffnung mit dem Messer vornehmen zu können: durch die behaarte Kopfhaut von Ohr zu Ohr. Ich präparierte die Kopfhaut ab und setzte mit der Handsäge einen zirkulären Schnitt an, um die Schädelkalotte abzunehmen und anschließend das Hirn aus seiner Höhle zu heben. Es war schon etwas schmierig, grau verändert und im Begriff, in eine zerfließende Substanz überzugehen, doch ich konnte es gerade noch mit den Händen greifen und in die vorbereitete Formalinlösung legen. Aus den Augenwinkeln nahm ich die drei, vier alten Frauen in schwarzen Mänteln mit Gießkannen wahr, die seltsam ziellos hin und her wanderten und die Hälse neugierig in unsere Richtung reckten. Die Exhumierung hatte sich offenbar herumgesprochen.

Im Institut angekommen, versorgten wir das Organgut fixationstechnisch und unterzogen das Instrumentarium einer gründlichen Reinigung. Dabei fiel mir auf, dass eine Spitzschere fehlte. Nach eingehender Überlegung wusste ich, warum: Ich hatte die Schere in die Leiche eingenäht – was am Befund allerdings nichts änderte. Den Versorgungsansprüchen der Witwe wurde nicht stattgegeben, denn Professor Wurster wies bei der histologischen Untersuchung eindeutig einen frischen Herzinfarkt nach, der dazu geführt hatte, dass der Verstorbene die Kontrolle über sein Auto verlor und einen Unfall baute, der allerdings nicht ursächlich für seinen Tod war. Der Mann starb eindeutig infolge seines Herzinfarkts.

Meine erste Einsargung

1971, ich war 16 Jahre alt, stellte ich mich im Büro des Bestattungsunternehmens in der Augsburger Straße in Germering vor.

»Also, Sie möchten bei uns arbeiten. Warum wollen Sie das?«, fragte mich der Filialleiter Uwe Kostelecky, ein Hüne mit Vollbart und tiefer Stimme.

»Weil ich mich, schon seit ich ein kleiner Bub war, für Leichenwagen interessiere. Ich hab da keine Berührungsängste, und beim Zuschaufeln hab ich auch schon mal geholfen.«

»Haben Sie ein dunkles Gewand daheim? Anzug, weißes Hemd, schwarze Krawatte?«

Mein Konfirmationsanzug fiel mir ein. »Freilich«, nickte ich.

»Ich ruf Sie an, wenn wir was haben, wo Sie mitmachen können.«

Ich freute mich.

Schon zwei Tage später war es so weit. Eine alte Frau war in Hechendorf verstorben. Mit dem schwarzen Mercedes-Leichenwagen, er hieß »der Sechser«, weil er die Wagennummer sechs trug, fuhren Uwe Kostelecky, sein Kollege Jörg und ich Richtung Pilsensee. Die beiden erfahrenen Männer nahmen mich in die Mitte. Uwe steuerte den Wagen, Jörg saß auf dem Beifahrersitz. Ich glaubte, ich würde ein bisschen zuschauen oder kleinere Dienste verrichten – dass die beiden mich als vollwertigen Mitarbeiter betrachteten, wurde mir erst klar, als wir den Angehörigen kondoliert hatten und Uwe ihnen mitteilte: »Während wir nun die Bestattungszeremonie besprechen, sargen meine Mitarbeiter Ihre Mutter ein.« Da rutschte mir das Herz dann schon in die Hose. Einsargen! Bislang hatte ich bloß zugeschaufelt. Einsargen! Mit weichen Knien folgte ich Jörg eine geschwungene Wendeltreppe nach oben. Im ersten Stock lag die Verstorbene – zu meinem Glück vollständig angekleidet. Sonst wäre das unsere erste Aufgabe gewesen: waschen und anziehen. Da hatte ich doch ein bisschen Bammel. Allerdings mehr vor meiner eigenen Courage als vor dem Leichnam.

Das Kinn der alten Frau hatten ihre Angehörigen bereits sachgerecht hochgebunden mit einem Tuch, das Sonnenblumen in verschiedensten Größen und Formen zierten. Eine vorausschauende Maßnahme, denn nach dem Erschlaffen der Muskeln, wie es beim Tod geschieht, klappt auch der Mund oft auf und kann während der Leichenstarre nicht mehr geschlossen werden. Um dies zu verhindern, wird das Kinn hochgebunden. Ein offen stehender Mund ist kein schöner Anblick, so kennen wir andere normalerweise nicht, und deshalb sollten auch Angehörige und Freunde, die sich am offenen Sarg verabschieden, nicht damit konfrontiert werden. Die Leichenstarre setzt circa zwei Stunden nach Eintritt des Todes ein, abhängig von der Muskelkonstitution des Verstorbenen und der Aktivität einzelner Muskelgruppen sowie der Umgebungstemperatur. Sie beginnt am Kiefer und wandert bis zu den Füßen. Nach etwa acht Stunden ist sie vollständig ausgeprägt und hält mindestens 72 Stunden an, bevor sie sich in derselben Reihenfolge, von oben nach unten, wieder löst. Bei einem Menschen, der beim Sport verstirbt, zum Beispiel beim Joggen einen Herzinfarkt erleidet, beginnt die Leichenstarre meistens an den Beinen, da hier die Muskulatur am intensivsten beansprucht wurde. Leichenstarre wird verursacht durch das Absinken des ATP-Spiegels. Das Adenosintriphosphat hält beim Lebenden die Muskelverbindungen geschmeidig. Weil diese Proteinstoffwechselsubstanz nach dem Tod fehlt, verkleben die Muskeln. Fäulnisbakterien, die sich in der Folge entwickeln, lösen die Starre innerhalb des oben genannten Zeitraums wieder auf. Je mehr Muskeln ein Mensch hat, desto stärker wird seine Leichenstarre ausfallen. Meinen Schülern verdeutliche ich das gern plakativ: »Bei einem Tölzer Holzfäller werdet ihr eine stärker ausgeprägte Leichenstarre vorfinden als bei einem Münchner Finanzbeamten.«

Ich erinnere mich noch gut an den Profisurfer aus Frankreich, der bei uns am Institut einbalsamiert wurde. Beim Surfen war er vom Blitz erschlagen worden, der zuerst in den Mast und dann in seinen Surfgurt gefahren war. Dieser Sportler hatte kein Gramm Fett am Leib, war extrem muskulös und zeigte eine so ausgeprägte Leichenstarre, dass wir ihn aufrecht an die Wand hätten lehnen können, ohne dass er eingeknickt wäre.

Das Brechen der Leichenstarre bedeutet nicht, dass man dem Verstorbenen die Knochen bricht, sondern man löst die Starre der Muskel-Sehnen-Verbindungen in den Schulter-, Ellenbogen-, Hüft- und Kniegelenken, um den Toten bewegen zu können; man muss ihn ja ankleiden und in den Sarg legen. Es gibt kein Geräusch beim Brechen der Leichenstarre, nichts knackst oder knirscht. Mitunter braucht man allerdings Kraft, vor allem bei Schulter und Knie. Die gebrochene Leichenstarre bleibt gelöst, da die Sehnen die Muskeln wieder auseinandergezogen haben. Nur wenn sie innerhalb der ersten acht Stunden gebrochen wird, kann sie erneut auftreten.

Augenlider sind ebenfalls von der Leichenstarre betroffen, deshalb sollte man sie möglichst unmittelbar nach Eintritt des Todes verschließen und mit feuchtem Mull abdecken, damit sie geschlossen bleiben. Um offen stehende Augen zu schließen, verfahre ich folgendermaßen: Ich lege mit einer Pinzette ein winziges Stück Papiertissue über den Augapfel und ziehe das Lid darüber, damit Ober- und Unterlid auf dem Papier haften und das Auge geschlossen bleibt.

Der Blick eines toten Menschen ist nicht schön, sondern kalt, leer, starr und nichtssagend. Man spricht ja auch von »gebrochenen« Augen, was daran liegt, dass mit der Zeit die Feuchtigkeit aus dem Augapfel entweicht und sich die Hornhaut – die Cornea – eintrübt. Die Pupillen reagieren nicht mehr auf Lichtreflexe. Augen werden nicht umsonst Fenster zur Seele genannt, da wir einen anderen Menschen in seinen Augen zu erkennen glauben, doch im erloschenen Auge fehlt eben dieses Charakteristische eines Menschen.

Die Augen der alten Dame in Hechendorf waren geschlossen; sie sah aus, als würde sie tief schlafen. Die Angehörigen hatten sie gut versorgt. Jetzt waren wir an der Reihe.

»Da gibt es ein Problem«, sagte Jörg zu mir.

»Das Treppenhaus?«, fragte ich, weil ich mir das auch schon gedacht hatte.

Jörg stimmte mir zu. »Das ist viel zu eng, um den Sarg rauf- und runterzubringen.«

Nach Rücksprache mit Uwe und den Angehörigen wurde beschlossen, die Tote im Flur einzusargen.

Ich nickte. In Wirklichkeit hatte ich keine Ahnung, was nun geschehen sollte. Doch als wir den Sarg aus dem Auto holten, den ich zuvor mit Jörg dort verstaut hatte, fühlte ich mich ein bisschen sicherer. Jörg lehnte den Sargdeckel im Hausflur vorsichtig an eine Wand und erklärte mir, dass man stets darauf achten müsse, mit dem Sargdeckel keinem Angehörigen den Weg zu versperren.

Im Sarg befand sich die übliche Garnitur zusammen mit einem Kissen voller Sägespäne. Auch der Sargboden ist für gewöhnlich mit fünf bis zehn Zentimetern Sägespänen ausgelegt – verrottendes Material. Darüber wird mit einer Klammermaschine ein Tuch aus Leinen oder geraffter Seide als Sargunterteilbespannung getackert. Wir bereiteten das Kissen vor und nahmen die Decke aus dem Sarg, die wir später über die Verstorbene legen würden. Jörg gab mir klare Anweisungen, und auf einmal war es kein Rätsel mehr für mich, wie wir die tote Frau die Wendeltreppe hinunterbringen sollten. Wir verknoteten das Bettlaken, auf dem die Frau lag, an Kopf- und Fußende, schoben den Arm unter dem Knoten durch, bis er in der Ellenbeuge ruhte, und rollten mit der anderen Hand das Laken über dem Körper zusammen. Nun hatten wir die Tote optimal im Griff. Angenehmerweise war es eine leichte Leiche. Als sie im Sarg lag, entfernten wir das Leintuch vorsichtig, richteten ihr Kleid, breiteten die Decke über sie und falteten die Hände, um die wir einen Rosenkranz wickelten. Zum Abschluss kämmten wir die alte Dame, und schließlich meldete Uwe: »Wir sind fertig.«

Uwe lud die Angehörigen ein, sich zu verabschieden. Als dies geschehen war, setzten wir den Deckel behutsam auf den Sarg, und zwar so, dass die Angehörigen ihre Verstorbene bis zum Schluss sehen konnten. Solche Kleinigkeiten sind sehr wichtig, denn es ist ja oft der letzte Blick, den jemand auf einen Verstorbenen wirft, und da wäre es respektlos, den Sarg von der gegenüberliegenden Seite zu schließen.

Jörg und ich trugen den Sarg zum Sechser. Ich war froh, dass alles so gut geklappt hatte. An Uwes Gesicht konnte ich ablesen, dass er mit mir zufrieden war. Für mich war es eine große Ehre, dass er mir diese Aufgabe zugetraut hatte. Später überlegte ich mir, dass er mich testen wollte. Jedenfalls hatte ich die Prüfung bestanden, denn auf der Heimfahrt bot Uwe mir das Du an. Ich sagte ihm, dass ich bald wieder dabei sein wollte – obwohl ich zu dieser Zeit bereits berufstätig war. Ich machte eine Lehre zum Werkzeugmacher bei der Firma Rodenstock. Doch abends und am Wochenende nahm ich mir gern Zeit für Uwes Bestattungsunternehmen – außer die »Butlers« hatten einen Auftritt. Die Abwechslung, die mir meine drei Tätigkeiten boten, gefiel mir, und ich lernte mit großem Eifer in meinem Ausbildungsberuf, den ich mir selbst ausgesucht hatte. Ich wollte immer Handwerker werden – bloß nicht den ganzen Tag im Büro hocken! Meine Eltern fanden meine Wahl gut. »Rodenstock ist eine Weltfirma.« Und dass ich mein schmales Lehrlingsgehalt mit Beerdigungen und Konzerten aufbesserte, unterstützten sie ebenfalls. Meine Mutter sorgte dafür, dass mein Konfirmationsanzug stets sauber und seriös aussah, und mein Vater ließ sich gern erzählen, was ich bei den Beerdigungen erlebt hatte. Sobald es etwas Kurioses zu berichten gab, konnte ich es kaum erwarten, nach Hause zu kommen. »Stell dir vor, Bapa, da ist ein Mann exhumiert worden wegen einer Versicherungsgeschichte, und die Frau ruft noch beim Uwe an, dass der in die Jackentasche schauen soll, da müssten 200 Mark drin sein.«

»In der Jackentasche von dem Beerdigten, den ihr ausgegraben habt?«, staunte mein Vater.

»Freilich!«

»Sachen gibt's!«

Je nach Bodenverhältnissen können Leichen recht gut erhalten sein, was einen natürlich freut, wenn eine Exhumierung ansteht. Einen solchen Körper sah ich eines Tages in Feicht bei Kaufbeuren, als Uwes Bestattungsunternehmen den Auftrag erhielt, eine Leiche umzubetten. Die Angehörigen, die nach Germering gezogen waren, wollten ihren Verstorbenen auf einem Friedhof in ihrer Nähe beerdigen. Der Lehmboden in Feicht war so zäh und schwer, dass ich von jeder Schaufel, die Uwe aushob, den Lehm mit dem Spachtel abkratzen musste. Ein alter Totengräber, der genauso aussah, wie man ihn sich vorstellt, an die 70, mager, knochig, reichte uns mit langen, gichtigen Fingern eine Thermoskanne mit Tee und Rum, eine Wohltat in der feuchten Kälte des frühen Morgens. Mit viel Mühe hoben Uwe und ich den Körper aus seinem Grab und betteten ihn um in seinen neuen Sarg. Die Beinmuskulatur fühlte sich an, als bestünde sie aus gepressten Sägespänen. Ich war dankbar, dass sich der Leichnam in so gutem Zustand befand. Bei einer lehmigen Bodenstruktur ist das typisch, da kein Sauerstoff zum Leichnam dringt und er sich deshalb länger hält. Auf solchen Friedhöfen rechnet man mit einer Liegezeit von 30 Jahren. In München beträgt die Liegezeit zwischen zehn und 30 Jahre. Auf einigen Friedhöfen mit einem vorherrschend luftdurchlässigen leichten Kiesboden ist die Verwesung in einem wesentlich kürzeren Zeitraum vollständig abgeschlossen. Unter Verwesung versteht man das Verschwinden von allem Gewebe wie Muskeln, Organen, Sehnen, Haut. Auch die Zehen- und Fingerglieder sind dann meistens weg. Was bleibt, sind die großen Knochen wie Oberschenkel, Becken, Schädel und manchmal Wirbel. Und manche Illusion, wie Georges Clemenceau einmal feststellte: »Die Friedhöfe der Welt sind voll von Leuten, die sich für unentbehrlich hielten.«

In Germering bestatteten wir den Verstorbenen im Beisein seiner Angehörigen, die uns bei der Exhumierung sehr geholfen hatten, da sie uns zeigten, wo genau in dem Familiengrab sich der Sarg des Verstorbenen befand. Wären wir allein gewesen, hätten wir womöglich danach suchen müssen. Auf ländlichen Friedhöfen wurde es früher mit der exakten Grabstruktur manchmal nicht so genau genommen. Die Regel besagt, dass bei einem Familiengrab, das für vier Särge vorgese hen ist, der erste rechts unten bestattet wird, der zweite rechts oben, der dritte links unten und der vierte links oben.

1974 schloss ich meine Lehre mit dem Facharbeiterbrief ab und arbeitete weiterhin bei der Firma Rodenstock. Da viele meiner Freunde ehrenamtlich oder als Zivildienstleistende beim Roten Kreuz tätig waren, fiel ich als Bestatter nicht allzu sehr aus der Reihe, ein Notarzteinsatz mündet ja öfter mal in einen Trauerfall. Allerdings hieß es gelegentlich in der Disco über mich: »Das is' der Totengräber.« Der damit verbundene Respekt war mir sehr angenehm.

Mit der Zeit kristallisierte sich heraus, dass es mich mehr zum Bestattungsgewerbe zog als zur Werkzeugmacherei, was auch daran lag, dass wir Werkzeugmacher bei Rodenstock ausschließlich mit Werkzeugen zur Herstellung von Brillengestellen beschäftigt waren. Das fand ich auf Dauer eintönig. Als Bestatter hingegen kam ich viel herum. Ich lernte ständig neue Leute kennen und den ganzen Landkreis Fürstenfeldbruck.

Der entscheidende Tag für meine berufliche Laufbahn war ein Freitag im Jahr 1973, der Tag, an dem ich die Führerscheinprüfung bestand. Nach der abendlichen Feier mit Freunden fand ich mich am Samstagvormittag bei Uwe im Büro ein.

»Und?«, fragte er.

»Alles senkrecht«, sagte ich. »Da ist er.« Ich legte meinen Führerschein auf den Tisch.

Ohne eine Miene zu verziehen, reichte Uwe mir einen Beerdigungszettel und einen Autoschlüssel: »Dann hol deine Träger ab.«

So beförderte er mich zum Capo, dem Beerdigungsleiter. Wer den Wagen fuhr, war Chef der Truppe, die zumeist aus Rentnern bestand, die sich mit diesem Nebenjob ein kleines Zubrot verdienten. Der Capo blieb bei der Beerdigung am Grab stehen. Er reichte den Angehörigen die Schaufel oder den Weihwasserwedel und galt als Ansprechpartner für die Trauernden.

Im Amt des Beerdigungsleiters machte mir der Nebenjob noch mehr Spaß – nun lernte ich auch München richtig kennen. Und was mich noch viel mehr freute: Ich eignete mir die Feinheiten des Autofahrens an. Zum Team des bayerischen Familienunternehmens, bei dem Uwe angestellt war, gehörten einige autobegeisterte Cracks, sogar ein ehemaliger Formel-3-Fahrer. Er und seine Kollegen nahmen mich unter ihre Fittiche und zeigten mir all das, was einem in der Fahrschule normalerweise nicht beigebracht wird. Außerdem machten sie mich vertraut mit den Besonderheiten, auf die es beim Steuern eines Leichenwagens ankommt.

Finanziell konnte ich mich nicht beklagen mit meinen beiden Nebenjobs und dem Gehalt als Geselle. Ich kaufte mir einen gebrauchten Ford Taunus. Mein erstes Auto hatte mir mein Bruder Sebastian geschenkt, doch leider musste ich den VW Variant nach einem Auffahrunfall zum Autofriedhof überführen. Später fuhr ich den legendären Ford 17M sowie das Nachfolgemodell, dann einen Opel Rekord, Opel Ascona und schließlich VW und Audi.

Wenn ich heute an meine Jugend zurückdenke, frage ich mich, wie ich das alles geschafft habe. Und vor allem, wann ich eigentlich geschlafen habe. Von Montag bis Freitag bei Rodenstock, abends Bandprobe oder Jobben bei Uwe, Freitagabend Konzerte, Samstag früh Beerdigungen, manchmal ohne Schlaf dazwischen, nur schnell von der Bühnengarderobe in den Konfirmandenanzug geschlüpft, am Nachmittag kurz geschlafen und abends das nächste Konzert, Sonntag die Jazzmesse in der Kirche. Mädchen? Hin und wieder hatte ich eine Freundin, doch für was Ernstes reichte die Zeit nicht. Denn es gab noch eine Leidenschaft in meinem Leben: Eishockey!

Eines Tages fuhr ich mit meinem Bruder und seinen Kumpels nach Landshut zu einem Spiel. Ab dem Zeitpunkt waren wir alle total fasziniert von diesem Sport. Sebastian und ich fingen selbst damit an und trainierten in jeder freien Minute. Wir begeisterten andere und gründeten einen Eishockeyverein in Germering, wo wir auch unsere erste Mannschaft aufbauten, mit der wir uns bis in die Bayernliga hoch spielten. Aufgrund unserer Hartnäckigkeit beschloss die Gemeinde Germering schließlich, eine Eishalle zu bauen. Bis dahin trainierten wir jahrelang zu nachtschlafender Zeit in Landsberg, Fürstenfeldbruck, Buchloe und Kaufbeuren, was unsere Vereinskasse arg strapazierte, da wir das Eis bezahlen mussten, und auch wenn es geschmacksneutral ist, schlägt es wesentlich teurer zu Buche als Steckerleis.

Ein überraschendes Weihnachtsgeschenk

»Das wär doch was für dich«, meinte mein Bruder, als er mir von einer neuen Stelle im Schwabinger Krankenhaus erzählte, wo er seinen Zivildienst in der Aufnahme der Nothilfe absolviert hatte. »Die machen ausschließlich Leichentransporte. In dem Metier bist du doch Fachmann.«

Dieser Meinung war ich auch und trat am 2. November 1975 meinen Zivildienst im Institut für Pathologie im Klinikum Schwabing an. Da der LAD, der Leichenabholdienst, überaus beliebt bei den Zivis war, wurde ich, bis eine Stelle frei war, ins Vorzimmer von Professor Langer beordert, wo ich unter anderem die histologischen Schnittpräparate – das Gewebe, das auf Glasplättchen aufgezogen wird, um es unter dem Mikroskop zu begutachten – in Mappen sortierte, die ich dem Chef, Professor Langer, und den Oberärzten vorlegte.

Vom ersten Tag an gefiel es mir sehr gut an meinem neuen Arbeitsplatz. Die Kollegen nahmen mich freundlich auf, das Umfeld war fast familiär. Am meisten freute es mich, dass ich hier zuweilen richtig gefordert wurde. Der akademische Umgang war ein anderer als der, den ich von meinen Werkzeugmacherkollegen gewöhnt war. Gelegentlich konnte ich, dank meiner handwerklichen Fähigkeiten, sogar ein Problem lösen, bei dem der eine oder andere Akademiker an seine Grenzen zu stoßen drohte.

Dass quasi Tür an Tür zu meinem Arbeitsplatz Sektionen durchgeführt wurden, faszinierte mich. Da würde ich schon mal gerne zuschauen, dachte ich mir und hoffte auf eine günstige Gelegenheit, einen meiner Chefs im Institut um die Erlaubnis dafür zu bitten. Am 24. Dezember 1975 nachmittags bekam ich von meinem Freund Uwe den Auftrag, einen Unfalltoten von Germering in die Rechtsmedizin zu fahren und ihn nach erfolgter Sektion zurückzubringen. Das war die Gelegenheit, auf die ich gewartet hatte, und so fragte ich den Vorstand des Instituts für Rechtsmedizin der Ludwig-Maximilians-Universität München, Professor Wolfgang Spann, um Erlaubnis.

»Warum möchten Sie das?«, wollte er mit kräftiger, wohltönender Stimme wissen, die er auch bei seinen Vorlesungen dramaturgisch wirksam einzusetzen wusste.

»Weil mich das interessiert. Sogar sehr.«

Er musterte mich prüfend und nickte dann.

Als ich den Sektionssaal der Rechtsmedizin betrat, war die Kopfhaut der Unfallleiche bereits aufgeschnitten und nach vorne und hinten abgezogen; nun lag der knöcherne Schädel frei und konnte mit einer Handsäge geöffnet werden, um das Gehirn zu entnehmen. Es wurde mit einem feinen Messer am Rückenmark durchtrennt, herausgeschnitten und dann gewogen. Weich sah es aus. Labbrig. So weich hatte ich mir das nicht vorgestellt. Ich kannte ja nur Bilder und Zeichnungen. Interessant! Nachdem das Kleinhirn abgetrennt war, wurde mit dem Hirnmesser eine Scheibe vom Großhirn abgeschnitten, dieses scheibchenweise weiter zerkleinert und in winzigen Stücken für die histologische Untersuchung in ein mit Formalin gefülltes Glas gelegt. Aha, so machen sie das, dachte ich.

Anschließend füllte ein Präparator mit Zellstoff die Schädelhöhle komplett aus und setzte das knöcherne Schädeldach, die Kalotte, wieder auf, zog die Kopfhaut über das Schädeldach und vernähte sie mit einem paketschnurähnlichen Faden. Sieh an, die Nadel ist gebogen, stellte ich fest, wie beim Fußballnähen.

Beeindruckt beobachtete ich, wie exakt und präzise das Personal arbeitete. Da saß jeder Handgriff, jeder wusste genau, wo er zu schneiden hatte, und alles geschah in konzentrierter Stille. In dem Konglomerat der Organe im menschlichen Körper hatte ich noch keinen Überblick, identifizierte gerade mal Leber und Herz – die kannte ich, weil eine Freundin ihre Katzen mit Rinderherz und -leber fütterte. Staunend schaute ich zu, wie die Organe aufgeschnitten und präpariert wurden, sogar klitzekleine Gefäße, und bewunderte die Profis, die ihr Handwerk so souverän beherrschten.

Später erklärte mir ein freundlicher Mitarbeiter, dass sich der Aufgabenbereich der Pathologie, der Lehre von den Leiden und Krankheiten, im Laufe der Jahrhunderte stark gewandelt hatte. Stand im 18. oder 19. Jahrhundert noch die Obduktion im Vordergrund der Tätigkeit eines Pathologen, so hatte sich diese seit dem 20. Jahrhundert überwiegend auf die bioptische Arbeit, die feingewebliche Untersuchung von operativ entnommenem Organmaterial,

Gallenblase oder Wurmfortsatz von lebenden Patienten verlagert, sodass das Untersuchungsgut des Pathologen nunmehr in die Bereiche der Immunhistologie oder Molekularbiologie hineinreichte. »Am Sektionstisch sieht man den Pathologen heute kaum noch«, schloss der Mitarbeiter. Aber Präparatoren schon, dachte ich für mich.

Nach einem halben Jahr im Vorzimmer von Professor Langer konnte ich 1976 endlich beim Leichenabholdienst beginnen. Mit Transportwagen aus Blech, die an zwei Seiten aufklappbar und mit einer grauen Plane abgedeckt waren, fuhr ich die Verstorbenen von den klinischen Abteilungen des Krankenhauses an den Ort ihrer Bestimmung. Mit einer Handkurbel konnte ich den Wagen nach oben oder unten verstellen, damit sich die Edelstahlliege auf derselben Höhe wie die Liegefläche unserer fahrbaren Bahrwagen befand. Ich zog die in ein Laken gewickelte Leiche mit beiden Händen behutsam auf den Bahrwagen, mit dem ich sie dann in unseren großen Kühlraum rollte, der 15 Leichen fasste. Bei einer Temperatur von plus vier bis sechs Grad bewahren wir die Toten hier auf, bis entschieden ist, was als Nächstes mit ihnen geschieht. Werden sie obduziert? Von uns oder der Rechtsmedizin? Werden sie von einem Bestattungsunternehmen abgeholt? Sollen sie einbalsamiert oder hergerichtet werden für den Abschied von ihren Angehörigen?

An jedem Leichnam hängt an einer der großen Zehen ein sogenannter Zehenzettel, auf dem die Daten der Verstorbenen notiert sind. Diese Daten übertrug ich auf die Obduktionsanträge, die als Begleitdokumente zur Sektion benötigt werden.

Zu meiner Zivildienstzeit war die damals noch als Krankenhaus Schwabing firmierende Klinik mit circa 2000 Betten eine der größten in Deutschland. Dies entsprach einer jährlichen Sterberate von 2000 Toten. Die Formel lautet: pro Bett ein Sterbefall pro Jahr. Heute gibt es am Klinikum Schwabing rund 1000 Betten. Einige Abteilungen wurden verkleinert oder ausgelagert, und prinzipiell wurde die Bettenzahl pro Zimmer reduziert. Seinerzeit lagen bis zu acht Patienten in einem Raum.

Den Zivildienstleistenden beim Leichenabholdienst wurde wegen der hohen psychischen Belastung, von der ich, an den Umgang mit Toten gewöhnt, nichts merkte, großzügig Freizeitausgleich gewährt. Ich nutzte ihn für meinen Nebenjob bei Uwe, die Eishockeymannschaft und die »Butlers« und schlief noch immer sehr wenig.

Einmal hatte ich im Auftrag von Uwes Firma eine Leiche aus unserem Institut für Pathologie in Schwabing abzuholen; es sollte eine meiner letzten Fahrten sein, die ich als nebenberuflicher Bestatter unternahm, da ich diese Tätigkeit bald darauf aufgab. Ich war jetzt hauptberuflich dort, wo es mir am besten gefiel.

Erst als ich vor der Tür zum Leichenabholraum stand, fiel mir auf, dass ich keinen Schlüssel für den Bestattereingang hatte. Also benutzte ich den Haupteingang und lief in meinem Konfirmationsanzug, der nun schon einige Begräbnisse auf dem Buckel hatte, durch die Schleuse in den Sektionssaal, um so zu »meiner« Leiche zu gelangen. Es war

Nachmittag, und ich rechnete nicht damit, jemanden anzu-treffen – worin ich mich täuschte. Professor Langer stand von seinen Assistenzärzten umringt an einem Sektions-tisch, wo er einen Fall besprach. Als ich in meinen dunk-len Klamotten höchst auffällig durch den hellen und ledig-lich von Weißkitteln bevölkerten Saal lief, dessen Betreten für Unbefugte verboten ist – und Bestatter sind hier unbe-fugt –, hoben sich alle Köpfe vom Sektionstisch in meine Richtung. Ruhig ging ich weiter Richtung Aufzug. Ich muss ihnen vorgekommen sein wie ein Gespenst, und ich war schon fast draußen, da hörte ich die leicht irritierte Stimme des Professors fragen: »Was war das denn?«

»Das war der Riepertinger«, ertönte es vielstimmig.

Der Schwammerlsucher

An einem Sommervormittag, ich war zufällig gerade bei Uwe im Büro, klingelte das Telefon. Uwes Gesicht sah anders aus als sonst, wenn er Todesfälle entgegennahm. Er nickte einige Male und notierte etwas auf einen Zettel. Noch während er den Hörer auflegte, sagte er zu mir: »Komm. Wir haben eine Bergung.«

Darauf war ich nicht vorbereitet. Auf eine Hausleiche schon eher, so was passierte ständig, wenn ich Uwe besuchte. Doch an einer Bergung hatte ich noch nie teilgenommen, bloß schauerliche Geschichten gehört von abgerissenen Gliedmaßen in riesigen Blutlachen und offenen Hälsen ohne Kopf. Oder das Körperteilepuzzle: Such die Überreste. Bei Bergungen sahen die Toten meistens nicht so entspannt aus wie daheim im Bett Verstorbene.

»Ist das ein reiner Autounfall oder ist da ein Motorrad beteiligt?«, fragte ich Uwe.

Er klopfte mir aufmunternd auf die Schulter. »Jetzt schaun wir mal, dann sehn wir's scho. Also lass uns nach Inning rüberfahren und nachschauen. Von einem Motorrad weiß ich nichts, aber das heißt nicht, dass keins dabei war.«

Auf der alten B12, von der Autobahn A96 war der Streckenabschnitt damals noch Jahrzehnte entfernt, entdeckten wir am Straßenrand das rot-weiße Warndreieck mit der Aufschrift Unfall. Nun wurde ich nervös, was dem aufmerksamen Uwe nicht entging. »Ganz ruhig bleiben, Alfred, wir schaun uns das jetzt an, und dann machen wir unsere Arbeit.«

Er lenkte den Leichenwagen an dem Unfallwagen, einem beigen Mittelklasse-Fiat vorbei, und ich sah die weiße Plane, unter der etwas lag. Ein menschlicher Körper oder die Reste davon. Wie wir später erfuhren, wollte das Unfallopfer nach dem Schwammerlsuchen im Wald die B12 überqueren und übersah den Fiat, der mit mindestens 100 km/h angeschossen kam. Das Fahrzeug riss ihm beide Beine ab, danach prallte das Unfallopfer mit dem Schädel auf die Windschutzscheibe der Beifahrerseite, und dabei platzte der Kopf. Während des verzweifelten Bremsversuchs des Autofahrers wurde der mittlerweile tote Mann mitgeschleift.

Uwe stellte den Leichenwagen hinter dem Unfallfahrzeug ab.

»Jetzt warten wir, bis die uns rufen.«

Es dauerte nur ein paar Augenblicke, dann winkte uns ein Polizist heran und gab den Unfallort für uns frei.

»Jetzt können wir einsargen«, sagte Uwe, als wollte er mir damit Sicherheit geben. Einsargen, das konnte ich, das hatte ich unzählige Male gemacht. Wir öffneten die Klappe des Leichenwagens und holten unseren grauen Bergungssarg heraus, der lediglich bei den unnatürlichen Todesfällen verwendet wurde. Heute werden bei solchen Fällen grau gestrichene leichte Kunststoffwannen aus Polyester eingesetzt oder auch Bergungstragen mit einem Aluminiumgestell, die den Transport wesentlich erleichtern. Unser Bergungssarg war ein herkömmlicher Holzsarg, mit Blech ausgeschlagen, damit wir ihn unproblematisch reinigen und desinfizieren konnten. Einen mit dem üblichen Polster ausgestatteten Sarg hätte man kein zweites Mal verwenden und auch nicht mehr verkaufen können.

Zum damaligen Zeitpunkt war es nicht unbedingt üblich, Handschuhe bei der Arbeit zu tragen, schon gar nicht solche reißfesten und stabilen wie heute. Wenn überhaupt, trugen Uwe und ich dünne Plastikhandschuhe, die uns oft von den Händen rutschten. Denke ich heute daran zurück, verblüfft mich das genauso, wie wenn ich Filme aus den 1960ern und 1970ern sehe, in denen rauchende Ärzte ihre Patienten im Sprechzimmer begrüßen, noch einen tiefen Zug nehmen, die Zigarette ausdrücken und dann ohne ihre Hände zu waschen zur Untersuchung schreiten.

Wir stellten den Sarg neben den abgedeckten Körper beziehungsweise Torso, wie ich mittlerweile erfahren hatte. Uwe erteilte mir den Auftrag, die ungefähr 20 Zentimeter unterhalb des Beckens abgerissenen Beine des Unfallopfers, die am Straßenrand lagen, zu holen. Sie waren nur nachlässig abgedeckt, sodass die Schuhe herauslugten.

»Du packst sie an den Knöcheln«, wies er mich an.

»Okay«, nickte ich, froh um seinen Beistand.

Und da lagen sie. Zwei Beine, mehr oder weniger in Fetzen, beide Füße noch dran und daran Socken und Schuhe, braune Halbschuhe, braune Socken mit rotbraunen Rauten. Ich starrte auf das Muster.

»An den Knöcheln«, wiederholte Uwe.

Ich packte die Knöchel und trug die Beine, sodass die Schenkel nach unten hingen, zum Sarg, wo ich sie in die Wanne bettete. Schwer waren sie nicht, beim Abreißen waren große Muskelstücke herausgefetzt worden. Ich dachte an nichts Besonderes, nur an das, was anstand: Beine tragen, Beine ablegen. Uwes Gegenwart beruhigte mich. Er führte mich behutsam durch diese Extremsituation, die ich vielleicht ganz ähnlich eines Tages allein würde bewältigen müssen. Immer mehr Gaffer versammelten sich hinter der Polizeiabsperrung. Ihr Interesse galt uns, die den Torso des Unfallopfers in den Sarg hoben. Er war schwer, obwohl so viel fehlte, ein korpulenter Mann in einer schwarzen Lederjacke. Uwe wies mich an, den Kragen der Lederjacke zu packen und über den Sargrand zu heben, er nahm die zerfetzten, herunterhängenden Hautlappen der abgerissenen Oberschenkel an den Restbeinstümpfen. So wuchteten wir den Toten in den Sarg. Sein Schädel war aufgerissen, das Hirn fehlte. Suchend blickte ich mich um und entdeckte es einige Meter weiter links.

»Schau, da liegt das Hirn!«

Uwe nickte. »Das muss auch mit.«

Er ging zu dem weißen glibberigen Ball, bückte sich und fuhr mit zu Schaufeln geformten Händen von beiden Seiten unter die Masse, nahm sie auf und legte sie vorsichtig in den Sarg.

»Bittschön, schaut's auch noch in das Auto rein«, wurden wir von einem Polizisten gebeten. »Da drin liegt was. Unterm Gaspedal. Der Fahrer hat gsagt, das wär beim Aufprall quasi ...«, er räusperte sich, »hineingeflogen.« Der Fahrer hatte recht. Es war das Kleinhirn, das unter dem Gaspedal lag. Mit einer Hand holte ich es heraus und bemerkte dabei, dass das Kleinhirn von der Konsistenz her etwas fester ist als das Großhirn.

»Wie ist jetzt das überhaupt passiert?«, fragte Uwe den Polizisten.

»Der war beim Schwammerlsuchen und ist, ohne dass er nach rechts oder links gschaut hätt, einfach über die Straße. Vielleicht hat er sich auch bloß gfreut wegen seiner Ausbeute, oder es hat ihm pressiert. Der Fahrer hat nichts machen können, der hat jetzt freilich einen saubern Schock.«

Ich wies auf einen Weidenkorb am Fahrbahnrand. »Das ist sein Korb?«

Der Polizist nickte. »Der war randvoll. Alles voller Schwammerl. Die fliegen jetzt da hinten rum«, nickte er in Richtung des Waldstücks neben der B12.

Wir brachten den Verstorbenen ins Leichenhaus nach Inning, da man die Toten üblicherweise in jene Gemeinde überstellt, in deren Einzugsbereich sich der Unfall ereignet hat – außer die Polizei erteilt den Auftrag, einen Verstorbenen direkt ins Institut für Rechtsmedizin nach München zu fahren.

»Jetzt haben wir uns eine Wurschtsemmel verdient«, beschloss Uwe und parkte unseren Leichenwagen vor der Metzgerei gegenüber dem Inninger Friedhof, wo wir uns zwei große Semmeln mit Göttinger und Gurke holten.

Der Schlüssel zum Glück

Gegen Ende meiner Zivildienstzeit bekam ich durch Zufall mit, dass ein Präparator für die dritte Stelle in der Pathologie gesucht wurde, die aus Krankheitsgründen neu besetzt werden musste, und dass dies offenbar kein leichtes Unterfangen war. Einer der Kandidaten schmiss das Handtuch nach einem Monat, sein Nachfolger hielt es nur 14 Tage aus. Warum eigentlich? Wenn ich an die Präparatoren dachte, die ich bei meiner ersten Sektion beobachtet hatte, stellte ich immer wieder fest, dass dies ein hochinteressanter Beruf war.

In den letzten Wochen meines Zivildienstes, nach dem ich als Werkzeugmacher zu Rodenstock zurückkehren wollte, fragte mich der damalige Oberarzt Dr. Ernst Keiditsch, der früher in der berühmten Helmut-Högl-Band in München Klavier gespielt hatte: »Sag mal, Riepertinger, möchtest du nicht bei uns anfangen?«

Überrascht schaute ich ihn an. Er redete weiter, ohne mich zu Wort kommen zu lassen. »Das wär doch was für dich! Du hast dich schließlich immer für das Ganze interessiert! Du wolltest immer alles ganz genau wissn! Manchen bist ja direkt auf die Nerven gefallen mit deiner ewigen Fragerei! Also wenn's nach mir ginge: Du wärst genau der Richtige für die Stelle.«

»Danke«, sagte ich.

»Und?«, fragte er.

»Morgen sag ich Bescheid«, sagte ich.

Am Abend beriet ich mich mit meinem Vater und mit Uwe – wir waren längst befreundet. Beide fanden die Idee gut, mit der Werkzeugmacherei aufzuhören und mich stattdessen als Seiteneinsteiger zum Präparator ausbilden zu lassen. Als ich Dr. Keiditsch im Beisein von Professor Langer meinen Entschluss am nächsten Vormittag mitteilte, sprangen beide von ihren Stühlen auf und schüttelten mir die Hand, als wollten sie mir den Arm auskugeln. Langer riss das Telefon an sich und rief in der Personalstelle des Rathauses an, wo er verkündete, dass man nun endlich den Richtigen für die Stelle gefunden habe, den er hiermit offiziell anmelde, heute noch würde der junge Mann vorsprechen. Mir wurde fast ein wenig schwindlig bei dem Tempo, das die ehrwürdigen Herren vorlegten.

Ich absolvierte 120 Stunden Anatomieunterricht in der Pflegeschule, und der Oberpräparator Othmar Vesely, ein Schrank von einem Mann, lehrte mich das präparationstechnische Arbeiten bei der Sektion von Verstorbenen. Unter seinen wachsamen Blicken lernte ich die Wiederherrichtung des Leichnams durch das Vernähen der Haut an den Schnittstellen, das korrekte Eröffnen des Schädels, das Aufschneiden der Kopfhaut und das Aufsägen des Kopfes. Zum damaligen Zeitpunkt war der Arbeitsbereich eines Präparators eingeschränkter als heute – so war uns beispielsweise nicht gestattet, das Gehirn zu entnehmen, dies blieb dem Obduzenten vorbehalten. Wir öffneten allerdings mit dem Meißel die Nebenhöhlen des Schädels, die Felsenbeine, das Keilbein und das Siebbein, um die Nebenhöhlen insgesamt begutachten zu können – auf Flüssigkeiten wie Blut oder Eiter hin – und die Hypophyse, die Hirnanhangdrüse, zu entnehmen. Wenn der Obduzent, der am Fußende des Sektionstisches auf einem Präparationstischaufsatz an den Organen arbeitete, den Schädel begutachtet hatte, füllten wir die Höhle mit Zellstoff auf, zogen die Kopfhaut zurück und vernähten. Darauf legte Othmar Vesely ein besonderes Augenmerk. Das saubere Arbeiten und das Zunähen bezeichnete er als Grundvoraussetzungen des Präparatorenhandwerks. Immer wieder und wieder ließ er mich nähen, und erst als meine Nähte makellos verliefen, ließ er mich wirklich ran. Die menschliche Haut ist nicht butterweich, sondern relativ fest, und das kann gerade Anfängern beim Einstechen der Nadel Probleme bereiten. Im Bereich des Bauches ist die Haut weich, im Brustbereich schon härter, die Kopfhaut muss als zäh bezeichnet werden, und am Rücken trägt der Mensch die härteste Haut. Das wissen wir auch, wenngleich unbewusst. In gefährlichen Situationen wenden wir Angreifern den Rücken zu.

Mit Lob war mein Oberpräparator sparsam. Wenn ich hingegen etwas verbockt hatte, kam seine Standardbemerkung wie aus der Pistole geschossen: »Riepertinger, Sie sand mir so ein Höid.«

»Ein bitte was?«

»Held!«

Von Othmar Vesely lernte ich die unterschiedlichsten Techniken, zum Beispiel zur Begutachtung des Knochenmarks bei Erkrankungen wie Krebs oder Systemerkrankungen wie Leukämie oder Lymphknotenkrebs mit der Handsäge einen Keil aus der Wirbelsäule herauszuschneiden. Wir sägten auch den Oberschenkelknochen auf, dazu benutzten wir die Bandsäge, um dann mit einem Hohlmeißel Knochenmark herauszuschaben und für die Histologie in ein mit Formalin gefülltes Glas zu geben. Für die Entnahme des Rückenmarks musste die – vorher wieder zugenähte – Leiche auf den Bauch gedreht werden. Wir schnitten die Haut an der Wirbelsäule auf und sägten diese parallel auf, um das im Wirbelkanal befindliche Rückenmark entnehmen zu können, welches wir dann mithilfe von Nadeln auf einen Karton spannten und in dieser Stellung mit zehnprozentigem Formalin fixierten. Parallel dazu wurde das Gehirn in einem Drei-Liter-Eimer mit zehnprozentigem Formalin an den Basalgefäßen an einem kleinen Faden aufgehängt, sodass die Form des Gehirns erhalten blieb. Übrigens verfügt jeder Mensch über ein Gehirn, worüber sich Ludwig Wittgenstein einst wunderte: »Seltsamer Zufall, dass alle die Menschen, deren Schädel man geöffnet hat, ein Gehirn hatten.«

Othmar Vesely brachte mir einige spezielle Sektionstechniken bei, wie die sogenannte Große Halssektion nach dem Hamburger Pathologen Siegfried Gräff, die bei Hypophysentumoren angewendet wird und die Entnahme eines Teils der Schädelbasis beinhaltet. Die Schädelbasis besteht aus einer knöchernen Plattform mit drei Gruben, auf denen das Gehirn aufliegt. Auch mit der Wiener Sektionsmethode machte mich Othmar Vesely vertraut, die bei Tumoren im Bereich des Afterrings zum Einsatz kommt. Dazu werden die Schambeinknochen aufgesägt, um durch einen Kanal tief um den Anus herum das ganze Gewebe komplett entnehmen zu können.

Professor Wolfgang Spann erzählt in seinem Buch *Kalte Chirurgie* von einem seiner Lehrmeister, dem Augsburger Pathologen Emminger, der den Studenten vieles abverlangte: » So mussten wir die ersten 50 Leichen mit bloßen Händen, also ohne Handschuhe sezieren, um die Scheu vor der Leiche zu überwinden.«

Solche Methoden blieben mir zum Glück erspart.

Später erfuhr ich, dass mein erster Lehrer Othmar Vesely große Zweifel hegte, ob sein Schützling auch in der Pathologie bleiben würde. Denn 1977 machte ich den Trainerschein beim Bayerischen Landessportverband BSLV für Nachwuchsarbeit. Aber selbst als ich fünf Jahre später den C-Schein zum Eishockeytrainer in der Tasche hatte und in meiner Freizeit Mannschaften trainierte, spielte ich nicht mit dem Gedanken, den Beruf zu wechseln. Allerdings verabschiedete ich mich von meiner aktiven Musikerkarriere.

Heute weiß ich, dass Othmar Vesely in mir seinen Nachfolger sah, was er mich jedoch nicht einmal ahnen ließ. Wie gesagt, Lob kam bei ihm praktisch nicht vor. Doch als er mir an seinem letzten Arbeitstag im Oktober 1978 *den* Schlüssel überreichte, fühlte ich mich wie zum Ritter geschlagen. Dieser Schlüssel passte in das Schloss einer Holzkiste, die

Othmar Vesely wie seinen Augapfel hütete, da sie Professor Siegfried Oberndorfer (1876–1944) gehört hatte, dem ersten Chef – damals Prosektor genannt – des Pathologischen Instituts am Krankenhaus München-Schwabing. Am 1. April 1933 wurde er vom NS-Regime zusammen mit zwei anderen Chefärzten aus rassistischen Gründen aus dem Dienst im Schwabinger Krankenhaus entlassen. Siegfried Oberndorfer emigrierte nach Istanbul, wo er bis zu seinem Tod am Pathologischen Institut wirkte. In besagter Holzkiste, die aus seiner Zeit als Feldpathologe im Ersten Weltkrieg stammte, befanden sich historische Trockenpräparate, Knochen und Skelettteile, auf die ich lediglich einen kurzen Blick erhaschte, als Othmar Vesely die Kiste ein einziges Mal während meiner Lehrzeit öffnete. Mittlerweile habe ich zusammen mit Ralph Gillich diese »Erbstücke« aufwendig restauriert und in die Siegfried Oberndorfer-Lehrsammlung integriert.

Othmar Vesely war insgesamt 32,5 Jahre als Präparator tätig. Es erfüllt mich mit Stolz, dass ich diesen Rekord mit meiner eigenen Dienstzeit mittlerweile gebrochen habe, und ich bin sicher, er nimmt es mir nicht übel.

Nach seinem Ausscheiden hielt ich mich an andere erfahrene Präparatoren wie Günther Zabel, Hamburg, Hans Buchheim, München, Dr. Gunther von Hagens, Heidelberg und an die Tierpräparatorin Ulrike Kay, die mir viel beibrachte, was mir im Fachbereich Medizin von großem Nutzen war. Ein Fell ist zum Teil auch eine Haut, und ich konnte meine Geschicklichkeit trainieren. Zudem fand ich die tierischen Strukturen hochinteressant. Von Ulrike Kay lernte ich Säugetiere wie Marder oder Eichhörnchen zu enthäuten, ohne das Fell zu beschmutzen, um sie zu konservieren und ein Tierpräparat herzustellen. Zudem zeigte sie mir, wie man Vögel abzieht, entbalgt und einen schönen Körper bildet. Hier kommt es natürlich sehr auf die Augen an. Manche Vögel schauen beispielsweise nach vorne – wie wir Menschen. Andere Vogelarten blicken seitlich. Gute Präparatoren kennen die natürliche Haltung der Tiere und formen sie perfekt nach. So entsteht dieser verblüffende Effekt der Echtheit.

Unter meinen Lehrern befanden sich auch einige Assistenzärzte, die mich immer wieder neu forderten. Ich bereute meine Entscheidung, der Werkzeugmacherei den Rücken gekehrt zu haben, nie, auch wenn es in meinem Berufsleben nicht nur gute Zeiten gab. Ich hatte allerdings Glück mit meinen Chefs, die mir stets wohlwollend zur Seite standen: die Professoren Dr. Erich Langer (von 1975 bis 1980), Dr. Karlheinz Wurster (von 1980 bis 2005) und Dr. Andreas Nerlich (seit 2005), allesamt hervorragende Pathologen gemäß der Definition von Heinz Flörcken: »Nicht Überheblichkeit, sondern vornehme Zurückhaltung bei der Beurteilung der chirurgischen Handlung ist das Zeichen des guten Pathologen, der immer daran denken muss, dass ihm die richtige Beurteilung der Zusammenhänge ja unendlich leichter gemacht ist als dem behandelnden Chirurgen, der meistens nur den kleinen Teil des Körpers sieht, der operiert wird.«

Unvergessen ist mir die sprachliche Sensibilität meines ersten Chefs. Professor Langer bezeichnete die Pathologen als

»Hüter der Nomenklatur«. Waren sie es doch, die für bestimmte Befunde bildliche Beschreibungen fanden. Die *Muskatnussleber* ist nichts anderes als eine chronische Stauungsleber bei Insuffizienz des rechten Herzens mit Rückstau des venösen Blutes zur daruntersitzenden Leber. Ihre Schnittfläche ähnelt durch ein rotes straßenförmiges Netzwerk mit stehen gebliebenen gelben Geweberesten einer Muskatnuss. Auch die *Kartoffelleber* ist bekannt – Zeichen einer postnekrotischen Leberzirrhose; so nennt man das Absterben des Gewebes bei einer Schrumpfleber, bei der die Oberfläche des Organs sich in kartoffelähnliche Knötchen verwandelt. Der *Leopardenfellmagen* resultiert aus petechialen Blutungen der Magenschleimhaut, die durch Reste der Magensäure in schwarze Punkte umgewandelt werden und der Schleimhaut so das Aussehen eines Leopardenfells geben. Und beim häufigsten Tumor des lymphatischen Gewebes, Morbus Hodgkin, ist die Milz derart betroffen, dass sie auf der Schnittfläche einer Bauernwurst ähnelt und daher auch von den Pathologen *Bauernwurstmilz* getauft wurde.

Professor Langer legte Wert auf korrekte Bezeichnungen. Wenn ein Arzt das Wort Malignom benutzte, sah er rot, denn die Bezeichnung gibt es eigentlich nicht, lediglich maligne. So fragte er nach: »Was soll denn das sein, ein Malignom?«

Verunsichert erwiderte der eine oder andere Arzt dann: »Ein bösartiger Tumor.«

»Ich erkenne hier nur ein Adjektiv, das Sie zum Substantiv erhoben haben«, diagnostizierte Langer.

Mittlerweile ist der Umgang mit Toten, sei es im Fachbereich Pathologie/Rechtsmedizin oder bei Bestattungsunternehmen, keine Männerdomäne mehr. Bei den Tierpräparatoren im Fachbereich Biologie sind die Frauen schon seit Jahrzehnten eine feste Größe. Die Bewerber, die an unserem Institut ein Praktikum absolvieren möchten, sind fast alle weiblich. Hin und wieder, äußerst selten, meldet sich mal ein Mann. Ich habe keinen Unterschied in der Tüchtigkeit von Männern und Frauen festgestellt, obwohl die Arbeit im Sektionssaal zum Teil viel Kraft erfordert – beispielsweise wenn man die Wirbelsäule aufsägen muss, um das Rückenmark zu entnehmen, oder eine schwere Leiche vom Fahrwagen auf den Sektionstisch schiebt. Sollte diese Tendenz anhalten, werden Männer in der Pathologie in den nächsten Jahrzehnten vielleicht in ähnlicher Weise bestaunt werden wie die männlichen Hebammen, die Geburtshelfer.

Wie tot ist tot?

Jede Sektion beginnt mit einer äußeren Inspektion des Leichnams. Wir halten Ausschau nach mindestens einem der drei sicheren Todeszeichen: Leichenflecken, Leichenstarre, Fäulnis. Sobald eines dieser Zeichen aufgetreten ist, kann man sich hundertprozentig darauf verlassen, dass dieser Mensch wirklich und eindeutig tot ist. Von den sicheren Todeszeichen treten die Leichenflecken zuerst auf. Nach Aussetzen der Herzfunktion sinkt das Blut, der Schwerkraft folgend, an die tiefsten Stellen im Körper; wenn der Leichnam beispielsweise auf dem Rücken liegt, sackt das Blut in die Rückenpartien des Körpers. Nur die Aufliegeflächen bleiben frei, da das Blut dort nicht in die Kapillaren einfließen kann. Leichenflecken erscheinen zwischen 20 und 30 Minuten nach Eintritt des Todes, sind zunächst hellrot und werden im Laufe von acht Stunden dunkelblau-violett. In den ersten Stunden lassen sie sich noch gut wegdrücken – es genügt bereits ein leichtes Berühren –, das ist zu einem späteren Zeitpunkt nicht mehr möglich. Leichenflecken sind ein wichtiger Anhaltspunkt für die Rechtsmediziner, weil sie aus ihnen ableiten können, ob ein Leichnam in den ersten Stunden nach seinem Tod bewegt, umgedreht oder transportiert wurde, was logischerweise der Fall gewesen sein muss, wenn sich die Leichenflecken auf der Vorder- *und* Rückseite des Toten befinden. Bei einem durch Erhängen zu Tode gekommenen Menschen sehen wir Leichenflecken an den Beinen und an den Unterarmen.

Von Fäulnis spricht man, wenn ein Abbauprozess durch solche Bakterien beginnt, die sich ohne Sauerstoff vermehren. Die darauffolgende Stufe ist die Verwesung: ein umfassender Abbauprozess durch Schimmelpilze und Bakterien – die allerdings Sauerstoff benötigen –, dessen Ergebnis im Idealfall die vollständige Skelettierung ist.

Dass Verwesung süßlich riechen soll, kann ich nicht bestätigen, auch wenn ich es in Krimis oft gelesen und gehört habe. Meiner Meinung nach riecht Verwesung modrig, muffig, nicht so extrem wie Fäulnis, aber eben auch nicht süßlich; zudem findet Verwesung in erster Linie im Erdgrab statt, weshalb mir diese Geruchsbeschreibung suspekt erscheint – wer hat sich schließlich schon einmal mit eingraben lassen?

Bei der äußeren Inspektion des Leichnams kontrollieren wir zu Beginn der Sektion zudem die Augenfarbe, die Haarfarbe und den Zahnstand, suchen nach Narben oder Punktionen. Pupillengröße und die Austrocknung der Augäpfel geben uns wertvolle Informationen, genauso wie der Zustand der Zähne – Alkohol zum Beispiel greift sie an, da er ihnen Mineralien und Spurenelemente entzieht. Die Gesamtansicht gehört zur Dokumentation der Sektion, die juristisch verwertet werden kann.

Die drei Begriffe Obduktion, Sektion und Autopsie meinen im Grunde zwar dasselbe, gehören aber zu verschiedenen Wortstämmen: Obduktion vom Lateinischen *obducere* bedeutet vorführen. Autopsie ist eine aus griechischen Wortteilen zusammengesetzte Bezeichnung, und zwar aus *autos*, das heißt selbst, und *opsis*, was sehen bedeutet. Ein Arzt schaut also selbst, mit eigenen Augen nach. Der Begriff Sektion stammt vom Lateinischen *sectio: secare* = schneiden. *Sectio* ist im Übrigen die medizinische Bezeichnung für den Kaiserschnitt. So nah liegt alles beieinander!

Hin und wieder werde ich gefragt, ob es nicht gefährlich sei, an Leichen zu arbeiten »wegen des Leichengifts«. Dieses sagenumwobene Sekret, das im Volksmund herumschwappt, existiert so nicht. Eine Leiche ist nicht giftig. Die Toxizität, die dennoch von ihr Besitz ergreifen kann, entsteht durch Keime wie Bakterien oder Viren, oder der Leichnam ist derart in Fäulnis übergegangen, dass bei Verletzungen die darin befindlichen Bakterien zu einer Sepsis, sprich Blutvergiftung, führen können. Bakterien sind Kleinstlebewesen, die sich durch Querteilung nach Längenwachstum fortpflanzen. Ein Virus hingegen braucht immer eine Körperzelle, um sich weiterzuvermehren. Es dockt an einer Zelle an und vermehrt sich mit ihr. Im Gegensatz zu Bakterien lassen sich Viren nicht mit Antibiotika behandeln. Mit dem Wort Keim bezeichnet man alles: Viren und Bakterien; auch Pilze und Sporen fallen darunter.

Infizierte Leichen stellen keine Gefahr für Fachkräfte dar, die unter speziellen Schutzvorkehrungen arbeiten.

Genauso wie Ammenmärchen um das Leichengift kursieren, hört man immer wieder einmal von Scheintoten – manche Menschen leiden sogar unter der Angst, irrtümlich für tot erklärt und womöglich lebendig begraben zu werden. Vor vielen Jahren bat mich die Tochter einer 90-jährigen verstorbenen Patientin, deren letzten Wunsch zu erfüllen, den sie auch in ihrem Testament festgehalten hatte: Nach ihrem Ableben sollten ihr die Pulsadern aufgeschnitten werden, um ganz sicherzugehen, dass sie nicht scheintot sei. Ich entsprach dieser Bitte, obwohl alle Zeichen für den eingetretenen Tod vorhanden waren. Meiner Meinung nach sollte man sich gegenüber solchen Bitten nicht verschließen. In Wien wird übrigens heute noch der sogenannte Herzstich angeboten, der Menschen, die unter Scheintodängsten leiden, hoffentlich endgültige Gewissheit vermittelt. Hierfür gibt es ein spezielles Herzstichmesser; dieser Service kostet circa 300 Euro. Als Arthur Schnitzler (1862–1931), nicht nur ein bedeutender österreichischer Dramatiker und Erzähler, sondern zudem promovierter Arzt, diese Dienstleistung in Anspruch nahm, war sie mit Sicherheit noch günstiger. Auch der russische Schriftsteller Nikolai Gogol (1809–1852) soll oft von seiner Angst gesprochen haben, als Scheintoter begraben zu werden. Tatsächlich trat bei der Öffnung seines Grabes ein zu grauenvollen Spekulationen Anlass gebender Befund zutage: Der Körper lag auf der Seite ...

Noch heute werden wir von besorgten Angehörigen immer wieder einmal gebeten, einen Herzschrittmacher zu entfernen, damit er nicht plötzlich die Toten zum Leben erweckt und das Herz wieder zum Schlagen bringt. Auch dieser Bitte entsprechen wir, allerdings erkläre ich den Angehörigen, dass wir uns gewissenhaft davon überzeugt haben, dass ihr lieber Verstorbener wirklich tot ist. Meinen Schülern nehme ich derartige Ängste durch einen bildhaften Vergleich: Wenn es möglich wäre, das Herz einer Leiche mit einem funktionierenden Herzschrittmacher wiederzubeleben, wäre es auch möglich, mit diesem ein Schweineschnitzel zum Zucken zu bringen.

Um die Bevölkerung in den vergangenen Jahrhunderten zu beruhigen, deren Angst, lebendig begraben zu werden, gar nicht so unberechtigt war, entwickelten findige Bastler verschiedenste Vorrichtungen an Särgen, die es den versehentlich Beerdigten ermöglichen sollten, in Kontakt mit der Oberwelt zu treten – oder mit den Leichenwärtern in den Leichenhäusern. Hierzu wurden den Toten beispielsweise Schnüre um die Finger oder Zehen gebunden, die mit einer Glocke im Zimmer des Leichenwärters verbunden waren. Keine Bewegung konnte so unentdeckt bleiben – vorausgesetzt, der Leichenwärter schlief nicht. Eine solche Originalglocke ist heute noch im Wiener Bestattungsmuseum zu bestaunen. Ein anderes Lebensrettungspatent bestand aus langen Rohren, die durch den Sargdeckel bis an die Graboberfläche gelegt wurden, damit Sauerstoff in den Sarg drang und die Hilfeschreie der Erwachten draußen gehört wurden. Ein Ende des 19. Jahrhunderts konstruierter »Sicherheitssarg mit einer breiten Ausstiegsröhre« sollte es den Scheintoten ermöglichen, an die Graboberfläche zu gelangen. Wie vielen das gelungen sein mag, darüber sind mir keine Zahlen bekannt. Zudem darf man nie vergessen, dass sich der überwiegende Teil der Bevölkerung solche Extras kaum leisten konnte. So blieben wiederum bloß der Herzstich oder die Eröffnung der Pulsadern als »todsichere« Methoden, dem Scheintod vorzubeugen.

Ich kann nur immer wieder hoffen, dass es heutzutage in den hochtechnisierten westlichen Ländern zu keinen Fehleinschätzungen bezüglich des Todes kommt. Denn sobald jemand irrtümlich für tot erklärt wird und in die Kühlung kommt, hat er die besten Aussichten, nach einigen Stunden tatsächlich tot zu sein. Bei einer Temperatur von vier bis sechs Grad plus ist der Erfrierungstod fast garantiert.

1980 ereignete sich in München ein aufsehenerregender Fall, von dem Professor Wolfgang Spann einmal erzählte:

Eine Notärztin wurde zu einer leblos an einem Baum lehnenden Frau in einem Park gerufen und stellte deren Tod fest. Die Bestatter hüllten den Leichnam in eine Plastikplane und transportieren ihn ins Institut für Rechtsmedizin. Als sie die Plane dort öffneten, sahen sie, dass sie von innen beschlagen war. Die Leiche atmete! Und war somit keine Leiche. Man brachte die Frau eilig in die internistische Klinik in der Ziemsenstraße, wo sie aber nach zwei Tagen verstarb. Die verzweifelte Notärztin rief Professor Spann, den damaligen Vorstand der Rechtsmedizin, an und fragte ihn um Rat.

»Beten Sie, dass Tito stirbt«, sagte Spann zu ihr.

»Tito? Wieso Tito? Es geht doch hier um die Frau aus dem Park! Warum soll ich für den jugoslawischen Staatspräsidenten beten, der ohnehin im Sterben liegt?«

»Wenn er heute stirbt, gehört ihm morgen die Schlagzeile«, erwiderte Spann.

Vielleicht betete die Notärztin nicht inbrünstig genug – Tito überließ den Platz auf der ersten Seite ihr.

Ärzte müssen bei der Leichenschau die sicheren Todeszeichen kontrollieren – und nicht die unsicheren, die da lauten: lichtstarre Pupillen, Herzstillstand, Pulslosigkeit. Das alles sind keine sicheren Todeszeichen! Theoretisch müsste ein Arzt einen vermeintlichen Toten so lange reanimieren, bis die ersten Totenflecken sichtbar werden – nach 20 bis 30 Minuten Herzmassage. Erst wenn die Totenflecken auftreten, kann mit Sicherheit der Tod festgestellt werden.

Die Todesursachen, die Pathologen bei der Sektion schlussendlich finden, weichen zu 20 bis 30 Prozent von denjenigen ab, die von Ärzten diagnostiziert wurden. Ein Grund hierfür liegt sicherlich in der mittlerweile oft fehlenden klinischen Qualitätskontrolle. Vielen Ärzten gelingt es im Gespräch mit den Angehörigen von Verstorbenen nicht, sie von der Wichtigkeit einer Obduktion zu überzeugen – hier wünsche ich mir gelegentlich etwas mehr Engagement seitens mancher Ärzte. Die Obduktion ist eine enorm wichtige Qualitätskontrolle, denn wie gesagt: Wir lernen von den Toten. Es passiert immer wieder, dass sich zwei, drei Monate nach dem Tod eines Patienten seine Angehörigen bei uns melden und nach dem Befund der Sektion fragen. Wir schauen nach und stellen fest: »In Ihrem Fall gab es keine Sektion.«

»Aber woran ist denn der Opa jetzt genau gestorben?«

»Tut mir leid, da keine Einwilligung zur Obduktion vorlag, haben wir sie auch nicht durchgeführt.«

Ich fände es großartig, wenn die Ärzte, obwohl sie wenig Zeit haben, den Angehörigen die Bedeutung dieser Maßnahme erklären würden – sowohl für andere Patienten als auch für sie selbst. Versicherungen und Ämter beanspruchen manchmal lange Bearbeitungszeiträume – und wenn ein Leichnam zwischenzeitlich feuerbestattet wurde, ist es unmöglich, Todesursachen zu klären. Oft brauchen die Angehörigen auch einfach ein bisschen Ruhe. Unmittelbar mit dem Tod konfrontiert, möchten sie nicht gleich solche Entscheidungen fällen. Da sollte man ihnen ruhig eine Nacht Bedenkzeit gönnen. Denn im Gegensatz zu einem Theaterstück lässt sich eine Bestattung nicht wiederholen – besonders, wenn es sich um eine Feuerbestattung handelt.

Professor Spann zitiert in seinem Buch *Kalte Chirurgie* den Pathologen Hübner aus Frankfurt: »Zahlreiche Vergleiche der klinischen Diagnosen mit den autoptisch gestellten Diagnosen zeigen, dass nach wie vor eine hohe Irrtumswahrscheinlichkeit besteht. Battle u. a. stellten 1987 fest, dass der Prozentsatz schwerwiegender Fehldiagnosen unter 30 % zurückgeht, wenn die Rate der Obduktionen auf weit über 40 % der verstorbenen Patienten vermehrt werden kann.« Und Spann resümiert: »Somit muss festgestellt werden, dass der Obduktion als Instrument der Qualitätssicherung und der ärztlichen Diagnostik große Bedeutung zukommt.«
Meines Wissens beträgt die derzeitige Obduktionsrate in der Bundesrepublik zwischen drei und fünf Prozent.

Zwischen dem 1. Dezember 1986 und dem 30. November 1987 wurde in der ehemaligen DDR, in Görlitz, eine einzigartige Studie durchgeführt. Ein Jahr lang wurden in dem Städtchen an der polnischen Grenze nahezu alle verstorbenen Einwohner obduziert. So wurde eine Rate von 97 Prozent erreicht – davon können wir Obduzenten heute nur träumen. Hätte man seinerzeit beim Wiedervereinigungsvertrag in Erwägung gezogen, das Obduktions- und Transplantationsgesetz der DDR für das gesamte Bundesgebiet zu übernehmen, wären wir heute vielleicht in der glücklichen Lage, eine Obduktionsrate zu haben, die eine optimale Qualitätssicherung darstellen würde.

Unter anderem zeigte die *Görlitzer Studie*, dass die Ärzte bei 60 Prozent der Totenscheine eine falsche Todesursache eingetragen hatten! Ein Drittel der vermeintlichen Herztoten war an ganz anderen Leiden verstorben. Die Infektionskrankheiten, die als angebliche Todesursache bei älteren Menschen galten, waren falsch diagnostiziert. Und unzählige Todesfälle durch Verletzung und Vergiftung waren nicht erkannt worden! Auch wenn die aufsehenerregenden Studien nun schon einige Jährchen hinter uns liegen, hat sich hier nicht viel geändert. Das liegt auch daran, dass es sich Hausärzte oft nicht mit den Angehörigen verscherzen wollen und keine ordentliche Leichenschau durchführen. Schließlich wollen sie nicht noch mehr Patienten innerhalb einer Familie verlieren.

Der von mir sehr geschätzte Wiener Pathologe und Rechtsmediziner Professor Hans Bankl stellt in seinem Buch *Im Rücken steckt das Messer* einige kuriose Fehldiagnosen vor:

»Ein 76-jähriger Rentner arbeitete im Garten und brach plötzlich zusammen. Da er beim Sturz in den Rechen gefallen war und sich verletzt hatte, vermutete der Notarzt ein Verbluten als Todesursache, der Hausarzt sprach sich dagegen für Herzversagen aus. Diese Uneinigkeit führte schließlich zur Obduktion: Im Brustkorb des Toten entdeckte der Pathologe ein Projektil. Schließlich gab ein Nachbar zu, Schießübungen in der Garage gemacht zu haben, dabei prallte eine Kugel ab, wurde zum Querschläger und traf den dreißig Meter entfernt arbeitenden Rentner tödlich (Fall Neis, Mainz).

In Hannover wurde eine Ärztin zur Totenbeschau gerufen und bescheinigte Herzversagen. Dabei übersah sie sechzehn Messerstiche im Rücken der Leiche (Mitteilung Püschel, Hamburg).

Ein 57-jähriger Mann wurde in der eigenen Wohnung ohne Lebenszeichen auf dem Boden liegend aufgefunden. Sowohl der Rettungsarzt als auch der Beschauarzt nahmen einen plötzlichen Tod aus natürlicher Ursache an. Bei der Obduktion wurden am Hals eindeutige Würgespuren entdeckt, an Kopf, Rumpf und Gliedmaßen fanden sich Schürfungen sowie Blutunterlaufungen. Die polizeilichen Ermittlungen ergaben, dass der Mann von seinem Schwiegersohn im Zuge von Misshandlungen getötet worden war (Fall Pollak/Wollenek, Wien).«

Vor einigen Jahren rief mich der Zivi des LAD ans Telefon. Ich meldete mich mit meinem Namen, und am anderen Ende der Leitung sagte eine tiefe Stimme in wienerischem Dialekt: »Bankl.«

»*Der* Bankl?«, rief ich perplex.

»Was heißt hier *der* Bankl?«, fragte die Stimme skeptisch.

»Der Bankl, der die Bücher schreibt?«

»Ja, das bin ich. Und ich spreche mit dem Herrn Riepertinger?«

»Ja! Herr Professor, ich grüße Sie, es ehrt mich, dass Sie mich anrufen, was kann ich für Sie tun?«

Der Bankl erzählte es mir. Er war vom Fürstenhaus Liechtenstein mit einer Einbalsamierung beauftragt und gebeten worden, meine 1989 angewandte Technik vorzunehmen, mit der das Fürstenhaus offenbar äußerst zufrieden war. Seinerzeit hatten die Österreicher, die normalerweise für die Liechtensteiner zuständig waren, keine Zeit gehabt.

Ich erklärte unsere damalige Vorgehensweise.

»So hätte ich es auch gemacht. Danke, Herr Riepertinger«, verabschiedete sich Hans Bankl.

Meine erste prominente Leiche

Immer wieder werden wir zu Obduktionen in einer internistischen Privatklinik in der Nähe des Münchner Tierparks Hellabrunn gerufen. An einem Vormittag im Jahre 1978 fuhr ich mit dem Oberarzt Dr. Igor Babaryka nach Thalkirchen. Der Sektionssaal dieser kleinen Klinik war mit dem in Schwabing nicht zu vergleichen; der Raum, in dem die Obduktionen durchgeführt wurden, war kaum größer als eine Garage und vom Boden bis zur Decke mit dunkelgrünen Fliesen komplett ausgekleidet, an der Wand gab es ein Kruzifix, dahinter vertrocknete Weidenkätzchen, die in Bayern Palmkätzchen genannt werden. Wie immer hatten wir unser eigenes Sektionsbesteck dabei, ferner Gläser mit Formalin, in denen wir die entnommenen Organproben ins Institut transportieren wollten, um sie dort zu untersuchen, und natürlich unsere Schutzkleidung. Gewöhnlich wird der Kopf des Verstorbenen für die Öffnung auf einen Rückenkeil aus Edelstahl gebettet. In dieser Klinik bestand die Nackenstütze aus einem Ziegelstein, den Othmar Vesely unmittelbar nach dem Krieg aus den Trümmern des zerbombten München gezogen hatte. Der Ziegelstein gehörte seither zum Inventar des Sektionsraumes dieser Klinik, und später freute ich mich jedes Mal, wenn ich ihn benutzte, erinnerte er mich doch an meinen ersten Lehrer.

Dr. Babaryka und ich hatten die Sektion bereits begonnen, da kam der behandelnde Arzt der Verstorbenen zu uns, um noch einige Angaben zur Anamnese zu machen. Ich hatte die Galea, die Kopfhaut, nach vorne und hinten abpräpariert und wollte gerade mit dem Sägen anfangen, als ich mit halbem Ohr hörte, dass der Arzt von »ihrem letzten Kinofilm« sprach, den sie »zum Glück noch abgedreht hat«.

Als wir wieder zu zweit waren, fragte ich Dr. Babaryka, ob wir hier eine Schauspielerin vor uns hätten.

»Ja, die Lina Carstens.«

»Lina Carstens!«, rief ich und zog den vorderen Teil der Kopfhaut zurück, um das Gesicht sehen zu können. Und dann brauchte ich – zum ersten Mal, seit ich als Präparator arbeitete – eine Pause. In ihrer Rolle beim *Bastian* hatte ich Lina Carstens geliebt und vor allem in den *Pater-Brown*-Filmen mit Heinz Rühmann in der Hauptrolle! Und jetzt lag sie vor mir. Ein Mensch aus … Fleisch und Blut. Leider tot.

»*Schimmelreiter* heißt ihr letzter Film«, sagte Dr. Babaryka.

»Den schau ich mir an«, erwiderte ich, allmählich meine Fassung zurückgewinnend, doch offenbar nicht vollständig, denn der Oberarzt fragte: »Riepertinger, was ist denn los?«

»Weil das doch die Oma vom Bastian ist«, erklärte ich. Hätte ich das vorher gewusst, wäre ich nicht so durcheinander gewesen. Doch diese Begegnung erwischte mich quasi aus heiterem Himmel.

Rund zehn Jahre später, beim Tod von Roy Black, hatte ich solche Probleme nicht mehr. Ein Münchner Bestattungsunternehmer erteilte mir den Auftrag, den in der Rechtsmedizin obduzierten Körper für die Trauerfeierlichkeiten in Augsburg einzubalsamieren.

Die Technik des Einbalsamierens erlernte ich ebenfalls von Othmar Vesely. Hierbei geht es darum, mit dem Grundmittel Formaldehyd ein Fixationsmittel ins Körpergewebe einzubringen, das die Bakterien abtötet und die Eiweißketten bindet und somit Autolyse und Fäulnis bis zur Bestattung im Erdgrab unterbindet. Früher wurde bei der Einbalsamierung eine hochgiftige Quecksilberlösung, Sublimat, verwendet, die mittlerweile verboten ist.

Ich lernte das Einbalsamieren noch auf die sportliche Art: mit einer Leiter. Wir stellten in einer Höhe von circa zwei Metern ein Zehn-Liter-Gefäß auf eine Leiter und führten einen Gummischlauch, an dessen Ende sich eine Stahlkanüle befand, in die Oberschenkelarterie ein. Sobald wir die Klemme am Schlauch lösten, ergoss sich die Fixationsflüssigkeit in das Gefäßsystem des Körpers. Es ist kein Blutaustausch nötig, um eine Fixation durchzuführen. Die Inhaltsstoffe der Lösung bringen eine Art Versulzung des Blutes mit sich, in etwa vergleichbar mit der Konsistenz von Wackelpudding. Die Lösung verdünnte das Blut sehr stark, band die Blutstoffe an sich und drängte es in die kleinsten Gefäße, die sogenannten Kapillaren. Über Anastomosen, Gefäßumleitungen, lief über die Venen immer wieder Blut ab. Je nach Zustand der Gefäße, ihrer arteriosklerotischen Veränderungen – der Volksmund spricht hier von Verkalkung –, dauerte es eine bis eineinhalb Stunden, die sechs

Liter zu injizieren, was auch der Menge Blut entspricht, über die ein Mensch ungefähr verfügt.

Anschließend wurde der Bauchraum eröffnet, der Darm entnommen und das Zwerchfell am Rippenbogen aufgeschnitten, um in den Brustraum zu gelangen. Hierbei waren lange Arme von Vorteil, da wir durch die Schlüsselbeingrube weit hineingriffen, um die Aorta, die Speise- und Luftröhre von der Wirbelsäule zu lösen und eine Schnur hindurchführen zu können, die diese Gefäße abband, damit keine Flüssigkeiten über Mund und Nase austreten konnten. Der gesamte Bauchraum wurde mit sogenannten Spezies aromaticae gefüllt, einer Gewürzmischung aus Rosmarin, Thymian, Lavendel, Nelken, Kubeben und weiteren Zutaten, die die Krankenhausapotheke speziell für diese Zwecke herstellte. Schlussendlich wurde der Bauch wieder vernäht, die Naht mit einer Harzlösung abgedichtet und mit Mull und Pflaster abgedeckt. Die Naht an der Oberschenkelarterie versiegelten wir, wie wir auch sämtliche Körperöffnungen mit Vaselinewatte sauber verschlossen: Nase, Ohren, Anus und bei den Frauen die Vagina. Zu der Zeit, als ich diese Methode lernte, gab es wenig Anfragen, ich erinnere mich an nur ein bis zwei Einbalsamierungen im Jahr. Othmar Vesely freute sich über jeden diesbezüglichen Auftrag, schließlich wollte er seinem Nachfolger die Technik zeigen.

Seither hat sich vieles geändert. Auch die Gesetzgebung, besonders was den Umgang mit den Organen betrifft. Bei jedem einzelnen Organ müssen wir uns rückversichern, ob wir es entnehmen dürfen – sonst würden wir uns der Störung der Totenruhe strafbar machen. Da diese ständigen

Rückfragen über die Bestatter bei den Angehörigen Zeit und Nerven kosten und die Zahl der Aufträge für Einbalsamierungen von Jahr zu Jahr steigt, haben wir eine neue Methode entwickelt: Wir entnehmen den Darm, schneiden ihn komplett auf, reinigen ihn und geben ihn wieder in den Körper zurück. Somit geht kein Gewebe verloren. Auch der Magen muss eröffnet werden, damit die darin befindliche Luft entweichen kann. Von diesem Vorgang bleiben die anderen inneren Organe unberührt. Sollten sich im Bauch- oder Brustraum Flüssigkeiten befinden, schöpfen wir diese ab. Wenn im Darmbereich noch Platz ist, geben wir Kräuter hinein, ehe wir zunähen. Das Abbinden der Halsorgane haben wir beibehalten – wobei die Leiter nicht mehr benötigt wird: Wir arbeiten nun mit einem 25-Liter-Kunststoffballon, auf den eine Ballonpumpe aufgeschraubt ist. Der mit ihr erzeugte Druck ist wesentlich höher, und meistens ist die Injektion der Flüssigkeit – die schon lange kein Quecksilber mehr enthält – ins Gefäßsystem des Körpers nach 15 bis 20 Minuten abgeschlossen. Heute verwenden wir Eosin, das der Haut eine rosige Färbung verleiht. Als ich das Einbalsamieren lernte, war das Ergebnis häufig nicht so ansehnlich; die Leichen erschienen im Farbton ein wenig gräulich.

Bei Roy Black wäre das Eosin allein aus farblichen Gründen nicht notwendig gewesen. Er war und ist die sonnengebräunteste Leiche, die ich je vor mir hatte. Ich erinnere mich noch gut an den Tag, als die Nachricht von seinem Tod die Runde machte. Es war im Oktober 1991, und ich machte einige Beobachtungen, die ich allerdings erst später deuten konnte.

Die Kioskbesitzerin, bei der ich mir gelegentlich eine Zeitung holte, schien schwer erkältet zu sein. Kleine, gerötete Augen, wunde Nase.

»Sind Sie krank?«, fragte ich und dachte, dass man es als Selbstständige nicht leicht hatte.

Sie schüttelte den Kopf und murmelte so etwas wie »ein Trauerfall«.

Ich kondolierte ihr.

Auf dem Weg zur Arbeit bemerkte ich noch einige weitere Frauen mit Erkältungssymptomen; nun gut, es war Herbst – aber eine Erkältungswelle, die ausschließlich Frauen betraf?

In der Klinik fielen mir unter Besuchern und Patienten mehrere in Tränen aufgelöste Frauen auf. Als mir eine sichtlich erschütterte Kollegin die »schreckliche Neuigkeit« mitteilte, identifizierte ich diese zweifelsfrei als Auslöser der Erkältungswelle.

Zwei Tage danach wurde Roy Blacks Leichnam aus dem Institut für Rechtsmedizin zu uns gebracht. Da ich nicht zu seiner Fangemeinde gehörte, blieben meine Hände ruhig. Im Sektionssaal begannen wir mit dem Auftrennen der Nähte der Rechtsmediziner. Weil der Leichnam bereits obduziert worden war, konnten wir das Gefäßsystem nicht über die Oberschenkelarterien mit unserem Balsamierungsmittel füllen, die Verbindungen waren alle gekappt, ein geschlossener Blutkreislauf nicht mehr vorhanden. Somit mussten wir sämtliche Extremitäten einzeln injizieren, und später mithilfe großer Spritzen Bauch und Brust und abschließend den Kopf behandeln. Wir füllten den aufge-

trennten Brustbereich mit Zellstoff, der in Balsamierungslösung getränkt war, nähten das Brustbein wieder an den
Rippen fest und gaben unsere Spezereien in den Bauchraum. Dann verschlossen und wuschen wir den Leichnam,
versiegelten die Körperöffnungen mit Vaselinewatte und
die Nähte mit unserer Harzlösung, deckten sie mit Mull
und Pflaster ab und stellten ihn den Bestattern zum Ankleiden bereit. Mit dem Ergebnis war ich sehr zufrieden – und
nicht nur ich, wie ich zufällig hörte, als die Bestatter den
Leichnam abholten.

»So einer wie der, der schaut sogar als Leich noch gut
aus«, entfuhr es einem der Männer anerkennend.

Schmetterlingskinder

Nicht nur bei den Einbalsamierungen hat es im Laufe der Zeit viele Gesetzesänderungen gegeben. Auch bei der Bestattung von Föten und Totgeburten, die ein Geburtsgewicht von unter 500 Gramm haben. Der bayerische Gesetzgeber hat im Jahr 2006 die Regelungen dahingehend novelliert, dass diese Föten nicht mehr mit den allgemeinen Organresten aus der Pathologie »schicklich entsorgt« werden dürfen, sondern separat gesammelt und in einer geeigneten Grabstätte zur Ruhe gebettet werden müssen. Hier hatten wir im Klinikum Schwabing einen großen Vorteil, da wir bereits zuvor in Eigenregie nach den neuen Richtlinien des Gesetzgebers verfahren sind und gewissermaßen als Vorbild für die Gesetzesänderung galten. Haben wir früher die Asche solcher Kinder auf dem Ostfriedhof auf einem anonymen Gräberfeld bestattet, gibt es seit 2009 für das Städtische Klinikum München GmbH eine eigene Grabstätte für die sogenannten Schmetterlingskinder. In der Friedhofsverwaltung werden sie als Sternenkinder bezeichnet.

2008 bat mich die Betriebsleitung der medizinischen Dienstleister der Städtischen Klinikum GmbH bei der Gestaltung eines Grabes für die Schmetterlingskinder mitzuhelfen und die Organisation und Verwaltung zu übernehmen.

Auf dem Grabstein, einer Stiftung des Steinmetzes, befinden sich blaue Schmetterlinge und ein Spruch von Antoine de Saint-Exupéry: »Nur die Kinder wissen, wohin sie wollen.« 2009 wurde die erste Urne mit zwischen 30 und 50 Kindern beigesetzt. Bei der Gedenkfeier waren anwesend: ein evangelischer und ein katholischer Pfarrer, ein orthodoxer Priester, ein muslimischer Geistlicher und ein Rabbiner. Die Eltern waren sehr dankbar für dieses Ritual. Die Schar der Teilnehmer bei der Gedenkfeier hat sich von Mal zu Mal vergrößert, schließlich werden Kinder aus allen vier großen – der Städtischen Klinikum GmbH zugehörigen – Münchner Kliniken bestattet: all jene, die, ob durch Krankheit, Unfall oder sonstige Umstände, den Mutterleib zu früh verlassen haben und unter 500 Gramm wiegen. Für die Eltern ist es eine große Erleichterung zu wissen, wo sie die Kinder, die niemals geatmet haben und die dennoch ein Teil ihrer Familie sind, besuchen können.

Bei Kindern, die über 500 Gramm gewogen haben, sind die Eltern verpflichtet, die Bestattung zu organisieren. Bestattungsunternehmen bieten mittlerweile Särge und Behältnisse in entsprechender Größe an.

Ich habe in meiner beruflichen Laufbahn viele tote Kinder sehen müssen. Tote Kinder gehen den meisten Menschen näher als andere Sterbefälle, auch dem Fachpersonal, das häufig damit zu tun hat. Man klinkt zwar bestimmte Gefühlsregungen aus, doch natürlich bedauert man es, wenn ein so junges Leben viel zu früh aus der Welt scheiden musste. Das arme Wuzerl ... Doch solche Gefühle darf man nicht überhandnehmen lassen, wenn man die Arbeit kompetent und auf die bestmögliche Art verrichten will.

Auf die Frage, die ich mir früher gelegentlich selbst gestellt habe – »Bin ich abgebrüht, gefühllos?« –, kann ich längst mit einem entschiedenen Nein antworten. In den letzten Jahren musste ich leider oft genug erfahren, wie tief meine Trauer reicht, sobald ein Freund oder geschätzter Kollege uns für immer verlässt. Und wenn ich Angehörigen, Freunden oder Kollegen bei der Einsargung den letzten Dienst erweise, ist das etwas vollkommen anderes, als wenn ich dieselben Handgriffe an mir Unbekannten verrichte. In diesen Situationen merke ich deutlich, dass ich auch nach über 40 Jahren im Kreise von Toten noch immer richtig »ticke«.

Es ist nicht unüblich, dass bei Sektionen auch mal der ein oder andere Witz unter Fachkollegen zum Besten gegeben oder eine flapsige Bemerkung gemacht wird, um von zu tiefen Gefühlsempfindungen abzulenken oder sie zu übertünchen. Man kennt das aus dem Alltag, wenn man versucht, Emotionen zu kaschieren. Im Sektionssaal handelt es sich hierbei keinesfalls um Respektlosigkeit gegenüber den Toten, es zeigt vielmehr das Ringen um die nötige Distanz, die man braucht, um einen gewissen Selbstschutz aufrechtzuerhalten.

Das Kriterium für meine Trauer sind nicht die Toten allgemein, sondern ob ich den Toten persönlich gekannt habe. Kinderleichen können einem so nahegehen, als hätte man die Kinder persönlich gekannt.

Eine Familie, Eltern mit Sohn, machte Skiferien in den Alpen. Die Eltern wollten pausieren und zum Mittagessen in eine Hütte einkehren. Der Junge drängte darauf, noch einmal mit dem Lift auf den Gipfel zu fahren: »Nur noch einmal, bitte, bitte, bitte!« Die Eltern ließen sich zu einer letzten Fahrt erweichen. Sie gerieten in eine Lawine. Während die Eltern stark genug waren, sich aus den Schneemassen zu befreien, erstickte der kleine Junge. Er war ihr Liebling, dieser Bub, der ihnen nun so tragisch entrissen wurde.

Noch in einer Klinik vor Ort wurde eine Obduktion durchgeführt und nach der Überführung nach München eine Nachobduktion im Institut für Rechtsmedizin. Die Eltern und Angehörigen wollten sich von dem Jungen verabschieden. Das von ihnen beauftragte Bestattungsunternehmen bat mich, das Kind zu versorgen und unseren Verabschiedungsraum für die Angehörigen zur Verfügung zu stellen. Mit meinem Kollegen Ralph Gillich nahm ich den kleinen Jungen in Empfang und richtete ihn für die Eltern und Verwandten her.

Die Mutter, deren entsetzlicher Schmerz sich buchstäblich in ihr Gesicht eingraviert hatte, vergrub ihr Gesicht als Erstes im Haar des Jungen, atmete tief und ließ ihren Mann dann wissen: »Er riecht wie immer.«

Blitzartig fiel mir die Szene von vor wenigen Stunden ein, als Ralph und ich uns zwischen mehreren Shampoos entscheiden mussten. Offensichtlich hatten wir die richtige Duftnote erwischt. Oder war das gar kein Zufall, sondern musste das genau so sein? Das würde ich ihm später erzählen. Er wartete draußen mit den Angehörigen, mit Omas und Opas, Tante und Onkel. Jetzt sollten sich zuerst die Eltern verabschieden, und ich stand ihnen bei.

Wir hatten den Sarg auf einen tiefen, breiten Katafalk gestellt.

»Setzen Sie sich ruhig daneben«, bot ich den Eltern an und kniete auf dem Fliesenboden nieder. Wie gern hätte ich diesem Paar geholfen ... Sein tiefer, verzweifelter Schmerz breitete sich machtvoll im Raum aus, überschwemmte alles, auch mich, und es kostete mich große Anstrengung, standzuhalten.

Es ist schon seltsam. Obwohl ich täglich mit dem Tod zu tun habe, bin ich in meinem Beruf verschont von dem Schmerz der Angehörigen, den die Bestatter aushalten müssen oder auch Ärzte und Psychologen. Die Toten sprechen nicht, und mit den Angehörigen habe ich oft nur telefonischen Kontakt. Wenn ich einen Leichnam herrichte, wird er meistens vom Bestatter abgeholt, und die Verabschiedung findet in seinen Räumlichkeiten statt. Angesichts der bodenlosen Trauer dieser Eltern betrachtete ich meinen Beruf noch einmal unter einem neuen Aspekt. Ich war dankbar, dass diese Verzweiflung nicht zu meinem täglichen Brot gehörte. Zwar glaube ich, dass ich damit umgehen könnte, aber ich möchte nicht dazu gezwungen sein, solange ich es mir aussuchen kann. Ich bin ein Handwerker, und meine Kundschaft weint nicht. Allerdings glaube ich, dass ich dem Paar damals doch helfen konnte, jedenfalls gab ich alles mir Mögliche, um ihnen beizustehen. Eine Stunde lang – und sie gehört bis heute zu den längsten meines Lebens.

Mit tränenüberströmtem Gesicht fragte mich die Mutter: »Warum wollte er noch mal rauf?«

»Er muss doch auch Hunger gehabt haben«, sagte der Vater.

»Warum haben wir nicht Nein gesagt?«, klagte die Mutter sich an.

»Wir hätten uns durchsetzen müssen«, erwiderte der Vater.

»Wir waren zu nachgiebig.«

»Weil er so eine Freude gehabt hat.«

»Und wie er über das kleine Bergerl gesprungen ist.«

»Ich seh ihn noch vor mir.«

Die Eltern führten einen Dialog, dem ich entnahm, dass er schon oft genauso oder nur wenig anders geführt worden war, und auch er hatte sich in ihre Gesichter eingegraben und riss die Furchen des Schmerzes wieder und wieder auf.

»Warum?«, fragte mich die Mutter. »Er ist doch noch ein Kind.«

»Ihr Sohn hat sich diese Abfahrt gewünscht.«

»Wir sind die Erwachsenen«, sagte der Vater mit leiser Stimme. »Wir hätten das nicht zulassen dürfen.«

»Niemals«, stimmte seine Frau zu.

»Sie wollten, dass Ihr Kind glücklich ist«, erinnerte ich die beiden, »und deshalb haben Sie nachgegeben.«

»Aber so was darf man nicht!«

»Sie konnten doch nicht vorhersehen, zu welcher Tragödie das führt.«

»Nein«, schluchzte die Mutter.

»Sie wären die Ersten gewesen, die alles unternommen hätten, um das zu verhindern.«

Die Mutter nickte. Während des ganzen Gesprächs wandte sie den Blick nicht von ihrem Jungen ab.

Auf einmal schoss Blut aus der Nase des Vaters und spritzte über die Decke, mit der sein Kind zugedeckt war. Erschrocken sprang er auf und wich zurück, das Blut strömte nur so. Ich reichte ihm ein Taschentuch und später Zellstoff. Während er versuchte, die Blutung zu stoppen, was nur mühsam gelang, stammelte er immer wieder, dass er nun den schönen Sarg und die schöne Decke beschmutzt habe. Hell und rot leuchtete das Blut auf der strahlend weißen Decke.

»Nein«, tröstete ich den Mann. »Sie haben gar nichts beschmutzt. Denn das, was nun auf der Decke ist, das ist Ihr Blut. Und das, was in diesem Sarg liegt, ist auch Ihr Blut, Ihr Fleisch und Blut. So geben Sie Ihrem Sohn Ihr Blut mit auf seine Reise; das hat er nun bei sich, und das ist gut so.«

Während die Eltern unentwegt auf ihr Kind starrten, hielten sie sich an den Händen, so fest, dass ihre Knöchel weiß hervortraten, und über die Hand der Frau tropfte das Blut des Mannes. Sie konnten sich aneinander festhalten. Es gibt aber auch Fälle, in denen der Tod eines Kindes die Eltern trennt. Weil sie sich gegenseitig die Schuld zuweisen. Weil sie sich nicht mehr ertragen können, da der eine den anderen ständig daran erinnert, dass jemand fehlt. Diese Eltern hier, sie versuchten sich gegenseitig zu trösten, und auch wenn es in diesem Moment nicht gelang, so würde es später vielleicht gelingen, denn sie trugen die Verantwortung gemeinsam. Ich wünschte es ihnen von ganzem Herzen und hätte vieles dafür gegeben, dass wir den kleinen Jungen nicht nur wie schlafend hergerichtet hätten, sondern dass er wirklich geschlafen hätte. Und wieder aufgewacht wäre.

Als ich den Raum nach den Eltern verließ und in die Gesichter von Ralph und den Angehörigen blickte, konnte ich an ihnen ablesen, wie ich selbst aussah. Ein Blick in den Spiegel bestätigte es mir. Ich sah grau, fahl, leer aus – völlig ausgebrannt.

Warum ich mich beinah mal aufgehängt hätte

Eines Tages bekam ich plötzlich rasende Zahnschmerzen und war glücklich, dass ich am Vormittag noch einen Termin bei meinem Zahnarzt ergattern konnte. Als ich seine Praxis verließ, glaubte ich mich kuriert – von wegen! Zwei Stunden später, ich war gerade dabei, einem Praktikanten im Sektionssaal etwas zu erklären, wurde mein Nacken urplötzlich brettsteif.

»Herr Riepertinger!«, rief der Praktikant erschrocken, und ich dachte noch, woher weiß der, wie sich mein Nacken anfühlt. Ein Blick in den Spiegel belehrte mich, dass nicht nur mein Nacken sich verändert hatte. Ich sah nicht mehr aus, wie Alfred Riepertinger normalerweise aussieht. Mein Gesicht führte ein Eigenleben. Und zwar in alle Richtungen gleichzeitig. Wenn das so weiterging, würde ich bald in einem Horrorfilm auftreten können. Auch meine Ellenbogen verformten sich, und – jetzt wurde mir wirklich bang – ich bekam immer weniger Luft, spürte förmlich, wie sich meine Luftröhre verengte. Mein Chef meldete mich sofort in der Dermatologischen Abteilung an, wo eine akute Urtikaria, eine Nesselsucht, diagnostiziert wurde und man mich mit Kortison und einem Antihistaminikum behandelte. Wie von Zauberhand schälte sich der gewohnte Alfred aus meinem aufgedunsenen Gesicht, und endlich konnte ich wieder frei atmen. Allerdings überkam mich nun ein so ungeheurer Juckreiz, dass ich beinahe aus meiner Haut gefahren wäre. Am liebsten hätte ich zur Ablenkung weitergearbeitet, doch ich musste zur Beobachtung stationär in der Dermatologie bleiben. Am nächsten Tag ähnelte ich einem gekochten Hummer – ich war von Kopf bis Fuß krebsrot! So möchte man lieber nicht gesehen werden, doch genau das blühte mir: Der Oberarzt ließ es sich nicht nehmen, den Lehrschwestern diesen interessanten Fall detailliert vorzustellen. Das steckte ich auch noch weg. Was mich dann allerdings wirklich schockierte, war das Ergebnis des Tests: Formaldehyd hatte die allergische Reaktion hervorgerufen, der Stoff, mit dem ich tagtäglich in Berührung komme! Er war als Konservierungsmittel im Betäubungsserum der Spritze, die mein Zahnarzt mir zur Schmerzstillung verabreicht hatte.

Die Betriebsärztin empfahl mir dringend einen Stellenwechsel.

»Wenn ich meinen Beruf als Präparator nicht mehr ausüben kann, häng ich mich auf«, erklärte ich unumwunden.

»Aber, Herr Riepertinger! Bitte! Es gibt bestimmt noch andere Möglichkeiten für Sie ...«

»Nein«, schloss ich kategorisch aus. »Präparator und sonst nichts. Jeder Mensch, der das große Glück hat, in seinem Traumberuf tätig sein zu dürfen, wird mich verstehen.«

Die Ärztin schüttelte skeptisch den Kopf, obwohl ich ihrem Verhalten entnahm, dass sie selbst ebenfalls in ihrem

Traumberuf tätig war. Zu meiner großen Freude stellte sich in der Folge heraus, dass ich mich doch nicht aufhängen musste. Ich reagiere lediglich dann allergisch auf Formaldehyd, wenn es in meine Blutbahn gelangt. Und das geschieht bei der täglichen Arbeit nicht.

Als ich einige Jahre danach noch einmal überraschend Zahnschmerzen bekam, hatte ich längst einen Allergiepass, der die behandelnden Ärzte über meine Unverträglichkeitsreaktionen aufklärte. Es war Samstag, und ich hatte Dienst. Die Beule an meinem Oberkiefer wuchs minütlich, so kam es mir zumindest vor. Als ich mich nicht mehr auf meine Arbeit konzentrieren konnte, vermittelte mir mein diensthabender Oberarzt Keiditsch einen Termin in der Zahnklinik der Universität in der Goethestraße. Dort eröffnete eine Zahnärztin die mit Eiter gefüllte Beule mit einem Skalpell, entleerte sie und legte sterile Mullstreifen ein, um die Wunde offen zu halten, damit sie sich weiter entleeren konnte. Am nächsten Tag sollte ich zum Wechseln der Streifen kommen, was dieselbe Ärztin routiniert und ohne mir Schmerzen zu bereiten erledigte. Doch am Montag war die Zahnklinik von Studenten bevölkert, und die Zahnärztin überließ mich einem von ihnen.

»Sind Sie einverstanden, dass ich schon mal mit dem Wechseln des Gazestreifens beginne?«, fragte der junge Mann mich.

Ich nickte. Es ist wichtig für die Studenten, praktische Erfahrungen zu sammeln. Und das war auch nötig, wie ich schnell feststellte, weil die Entfernung der alten Mullstreifen nicht ganz so angenehm verlief wie bei der erfahrenen

Frau Doktor. Richtig schmerzhaft wurde es allerdings, als der Student die neuen Mullbinden einsetzen wollte. Die Streifen rutschten wieder aus der Wunde, der Student wurde nervös, fummelte herum und drückte zu fest, womit er mir immer größere Pein bereitete, dann fielen die Streifen abermals heraus ... Kurz, meine Geduld hing an einem seidenen Faden, als er sich mit der in seiner Hand zitternden Pinzette erneut meinem Mund näherte.

»Wenn du den wieder nicht reinkriegst«, sprach ich aus, was ich dachte, »hau ich dir eine runter.«

Was bei einem anderen der Motivation gedient hätte, versagte bei diesem Studenten gänzlich. Er glaubte nicht an sich und seine Fähigkeiten, legte die Pinzette beiseite und nuschelte etwas wie: »Die Frau Doktor kommt gleich.«

Gehirn in Backform

Meine erste Frau lernte ich 1985 in Germering kennen. Sie stammte aus Remscheid und besuchte Freunde in Bayern. Nach einem halben Jahr Fernbeziehung zog sie nach Germering, wo ich noch immer bei meinen Eltern wohnte, auch wenn sich die Platzverhältnisse mittlerweile geändert hatten und mir mehr Raum zur Verfügung stand als ein Kinderzimmer. Sie lebte sich schnell ein in ihrer schönen neuen Heimat und betreute als ehemalige Gemeindeschwester im hiesigen Altenpflegeheim kranke und alte Menschen. 1986 heirateten wir.

Unsere Hochzeitsreise unternahmen wir bereits vor unserer Trauung, weil in San Antonio, Texas, der dritte internationale Plastinationskongress stattfand. Da mich der zweite Kongress, zwei Jahre zuvor am selben Ort, begeistert hatte, wollte ich natürlich wieder dabei sein. Auch wenn ich meiner Frau nichts vorgemacht habe, was mein berufliches Engagement betraf, so habe ich es vielleicht an der nötigen Deutlichkeit mangeln lassen. Zwar entschied sie sich zunächst für einen Mann, der bereits verheiratet war: mit seinem Beruf nämlich. Doch heute weiß ich, dass ich mir damals zu wenig Zeit für mein Privatleben nahm – und so dauerte meine erste Ehe nur sechs Jahre. Doch wir starteten, wie es sich für junge Paare ziemt, glücklich und hoffnungsvoll in die Zukunft.

Wie beim vergangenen Kongress gehörte ich auch diesmal zum Team von Dr. Gunther von Hagens. Der Erfinder der Plastination und umstrittene Veranstalter der *Körperwelten* hatte 1980 bei uns im Institut auf Einladung Professor Wursters, der wie von Hagens aus Heidelberg stammte, einen Vortrag über die Plastination gehalten. Im Anschluss unterhielten wir uns angeregt. Von Hagens bot mir eine Zusammenarbeit an und lud mich nach Heidelberg ein. Es dauerte nicht lang, bis ich fast jedes Wochenende dort verbrachte. Freitags fuhr ich oft direkt nach Feierabend mit dem Auto los und kam Sonntagnacht inspiriert zurück, denn ich hatte erfüllte Wochenenden im Leichenkeller der Heidelberger Anatomie hinter mir, wo ich gefrorene Leichen durch die Bandsäge schob, um zusammen mit Gunther Präparate herzustellen.

1982 besuchte ich einen seiner Plastinationskurse und lernte dort einige Präparatoren aus verschiedenen Bundesländern kennen. Keiner von ihnen war mit einem solchen Engagement bei der Sache wie ich. Und das honorierte Gunther, der sein Wissen gern mit mir teilte. Als unkomplizierten Menschen würde ich ihn nicht gerade bezeichnen, aber wer ist schon einfach, wenn er leidenschaftlich für seine Berufung brennt? Gunther konnte gelegentlich recht ruppig auftreten, doch dabei ging es ihm nicht darum, andere zu kränken oder wegzubeißen. Es ging ihm immer um die Sache. Und da es mir auch um die Sache ging, steckte ich so manches weg, nahm es nicht so ernst oder begriff es als Herausforderung, um noch besser zu werden – im Dienste der Sache. Und das war die bestmögliche Plastination, die Gunther durch seine Konservierungsmethode in jahrelangen Versuchsreihen und besessener Arbeit perfektionierte: Gewebewasser und Gewebefett werden hierbei durch polymerisierbare Kunststoffe ausgetauscht. Wenn Gunther in seinem orangefarbenen VW-Bus von der Uni nach Hause kam, nahm er sich oft nicht mal die Zeit, seinen Parka auszuziehen, den er ja ohnehin gleich wieder anziehen würde, um nach dem Essen in die Anatomie aufzubrechen. Er aß gern Kartoffeln und trank dazu Milch. Ich hatte nicht den Eindruck, dass er damals ein genießerischer Esser war. Man musste eben essen, um Kraft zu haben für die Arbeit. Also wurde das erledigt. So schnell wie möglich. Sein Sohn Rurik erzählt in einer Veröffentlichung zum 60. Geburtstag seines Vaters, dass diesem auch in noblen Restaurants die Qualität der Gerichte weniger wichtiger war als die Zeit, die er durch die Zubereitung »verlieren« würde, sodass für seinen Vater die Frage »Was geht denn hier am schnellsten?« typisch war. Ja, Zeit war stets ein äußerst kostbares Gut bei Gunther, für den Schlaf die reinste Zeitverschwendung darstellte. Er kam auch mit sehr wenig aus. Der Anatomieprofessor Dr. Klaus Tiedemann, meiner Meinung nach einer der besten Anatomen, die ich jemals kennengelernt habe, erinnert sich im selben Buch an einen Plastinationskongress, in dem wir aus Kostengründen zu dritt in einem Hotelzimmer übernachteten. »Nachts um vier holte Gunther eine elektrische Schreibmaschine samt Verlängerungsschnur von der Rezeption und begann – wir schliefen noch erschöpft – Vorträge auszuarbeiten. Morgens wurden wir von ihm gefragt, womit wir in den letzten Stunden unseren Geist beschäftigt hätten.«

Gunther von Hagens verabscheute damals alles, was dem Körper Schaden zufügen konnte, niemals trank er Alkohol. Alles stand im Dienst der Sache. Auch sein Körper, den er unbedingt gesund erhalten wollte. Für die Sache. Zwar war er herzlich zu Frau und Kindern, doch auch im Familienkreis ging es immer um seine Berufung. In einem Alter, in dem andere Kinder gerade mal Ball, Auto und Wauwau sagten, jonglierte der kleine Sohn mit Musculus sternocleidomastoideus und Konsorten. Bereits dem Dreijährigen hatte Gunther an die 50 anatomische Begriffe beigebracht.

Nachdem Gunther das Abendessen »vollzogen« hatte, fuhren wir in die Heidelberger Universität, Gebäude 307, wo ich mich in den Jahren unserer intensiven Zusammenarbeit heimisch fühlte. Gunthers Frau verstand die Leidenschaft ihres Gatten für die Plastination nicht als Konkurrenz, sondern hatte, selbst Ärztin, größtes Verständnis für seine Begeisterung und unterstützte ihn, so gut es ihr möglich war. Ich habe Gunther als liebevollen Vater kennengelernt, dessen Kinder allerdings manchmal mit für diese Altersgruppe ungewöhnlichen Gegenständen spielten. So liebten sie die großen blauen Fässer, in die später Kunststoffe für die Plastination gefüllt wurden, um sich darin zu verstecken. Wer nicht wusste, dass die Fässer nicht genutzt worden waren, konnte schon mal einen Schreck kriegen, wenn die Kinder drinsteckten, denn an der Seite befand sich der orangefarbene Aufkleber für »toxisches Material«.

Eines Tages suchten Gunther und ich nach einem Behältnis, in das wir ein frisch entnommenes Gehirn legen konnten, ohne seine anatomische Form zu verändern. Bei einigen Besorgungen in Heidelberg entdeckte ich in einem Haushaltswarengeschäft eine teflonbeschichtete Back- oder Puddingform mit einer »Schnauze«, die den Süßspeisen die Form eines Igels verleihen sollte.

»Gunther! Schau her, das ist es!«

Er nahm mir die Form aus der Hand, und an seinem Gesicht konnte ich ablesen, dass er dasselbe dachte wie ich: Diese Backform war ideal, um ein menschliches Gehirn bis zu seiner Fixation in Formalinlösung formerhaltend aufzunehmen. Davon brauchten wir viele. Zwei Stück lagen im Regal.

»Wie viele benötigen Sie denn?«, wollte der Geschäftsführer wissen, zu dem wir uns durchgefragt hatten.

»Tausend. Mindestens«, erwiderte Gunther.

Der Geschäftsführer riss die Augen auf. »Und wofür, wenn ich fragen darf?«

Es hätte mich nicht gewundert, wenn Gunther geantwortet hätte: »Um Gehirne einzulegen.« Für ihn war das alles selbstverständlich. Das war seine Welt, die Körperwelt. Dennoch fand er sich auch in der übrigen erfolgreich zurecht. In seinem Büro in der Uni recherchierte er den Hersteller der Igelformen und bestellte kostengünstig direkt bei ihm.

Im Laufe der Jahre nahmen wir an vielen Plastinationskongressen weltweit teil. Unvergessen ist mir mein erster in San Antonio 1984, bei dem ich mir nicht hätte träumen lassen, dass ich zwei Jahre später erneut hier sein würde – als Hochzeitsreisender wie gesagt.

Gunther fragte mich, ob ich anlässlich des Kongresses einen Vortrag halten wollte. Ich sagte zu, obwohl mein Englisch auf sehr wackligen Füßen stand. Insofern war das *Reizleitungssystem des menschlichen Herzens* ein doppeltes Abenteuer für mich. Mein Manuskript besprach ich mit Gunther; einige Tage vor unserem Abflug nahm er es an sich, um es so zu korrigieren, wie es ihm am besten gefiel. Erst auf dem Flug nach New York händigte er mir das Manuskript wieder aus. Mir erschien diese Vorbereitungszeit zu knapp; für Gunther, der oft improvisierte, genügte sie völlig, also hatte sie, meinte er, mir ebenfalls zu genügen. Allerdings sollte ich sie auch nutzen. Als ich staunend und gedankenverloren in die Wolken blickte – niemals zuvor hatte ich einen so weiten Flug unternommen –, verpasste Gunther mir einen Rippenstoß. »Wir sind hier nicht im Urlaub! Schau nicht aus dem Fenster, sondern kümmere dich gefälligst um deinen Vortrag.«

Dazu hatte ich während der Wartezeit in New York und Houston, wo wir umstiegen, reichlich Gelegenheit. In Houston forderte ein Kontrolleur Gunther auf, seinen Koffer zu öffnen. Jetzt wurde es spannend, denn darin befand sich die Frontalscheibe des Kopfes einer Frau, die man heute als vergoldetes Gesichtspräparat in den *Körperwelten* besichtigen kann. Doch dann erregten die woanders verstauten Objektive von Gunthers Kamera die Aufmerksamkeit des Kontrolleurs, und der Koffer wurde durchgewinkt.

Klaus Tiedemann stand mir bei meinem ersten Amerikaaufenthalt hilfreich zur Seite und wurde mir zu einem lieben Freund. Immer wieder ging er mein Manuskript mit mir durch, ließ es mich laut vortragen, verbesserte mein Englisch und sprach mir Mut zu. Gunther war nach wie vor skeptisch, ob die Sache klappen würde. Ich hoffte mir einen kleinen Vorteil zu verschaffen, indem ich meine Vortragsgarderobe mit Bedacht wählte: bayerische Tracht, Lederhosen und Janker. So versuchte ich, die Amerikaner mit meinem Aussehen von meiner Aussprache abzulenken. Nach meinem Vortrag monierte niemand mein schlechtes Englisch und ich wurde trotzdem nur auf Englisch angesprochen. Viele Professoren wollten mit mir über den Inhalt meines Vortrags diskutieren; ich bekam herzlichen Zuspruch und freute mich, dass meine Erkenntnisse so viel Interesse weckten.

Gunther jedoch genügte das nicht. »Dein Englisch ist grottenschlecht! Das ist ja Wahnsinn, wie du herumstammelst! So jemanden kann ich mir als Begleitung nicht leisten! Da blamiere ich mich ja!«

In diesem Moment trat der Organisator des Kongresses, Professor Harmon Bickley zu uns, ergriff meine Hand, schüttelte sie und bedankte sich für den hochinteressanten Vortrag. »Alfred, it was such a pleasure to learn so many new things. It was most inspiring! We are looking forward to seeing you soon – for sure at the next congress meeting.«

Zurück in Germering meldete ich mich sofort bei der Volkshochschule an, um mein Englisch zu verbessern. Im Kreis von Schülern, die alle schon ein bisschen älter waren, und unter der Leitung eines hervorragenden Lehrers – thank you, Fred Hufnagl! –, fand ich mich spürbar besser in der fremden Sprache zurecht, und nach einer Weile machte es mir richtig Spaß, sodass meine dritte Performance nur noch eine einzige Gemeinsamkeit mit den ersten beiden aufwies: die bayerische Tracht. Bis heute halte ich meine internationalen Vorträge in Lederhosen und Janker.

1988 fand der Plastinationskongress in Macon, Georgia, statt, und diesmal lief es nicht gut für Gunther. Wie oft hatte er mir regelrecht gepredigt, dass man Dias nie, nie, niemals im großen Koffer aufgeben dürfe: »Dias einzig und allein ins Handgepäck!« Nun hatte er selbst die Dias für seinen Vortrag eingecheckt, und sie waren irgendwo unterwegs verloren gegangen. Und nicht nur das, auch sein in 85 Teile geschnittenes Ganzkörperplastinat, das er erstmals der Öffentlichkeit präsentieren wollte. In Begleitung von Professor Bickley fuhr Gunther mehrmals zum Flughafen nach Atlanta, um zu erfragen, ob sein Großgepäck mittlerweile endlich aufgetaucht sei. Es dauerte zwei Tage, bis das Plastinat in Macon landete. Auf die Frage des Zollbeamten, was sich in der Transportkiste befinde, antwortete Gunther wahrheitsgemäß: »Ein menschliches Präparat in 85 Scheiben.«

Der Zollbeamte zog die Stirn in Falten und nickte nachdenklich, ehe er fragte: »Was this a farming accident?«

Diese Frage: »War das ein landwirtschaftlicher Unfall?« kursierte als Running Gag auf dem Kongress.

Das Manuskript meines Vortrags erhielt Gunther diesmal erst, als ich schon auf dem Weg zum Podium war, wo ich in freier Rede die Teilnehmer des Kongresses begrüßte und noch ein paar allgemeine Sätze sagte. Da unterbrach mich heftiges Klatschen aus der ersten Reihe: Gunther, der staunend meinem Englisch applaudierte. Kaum hatte ich die Bühne nach meinem Vortrag verlassen, stürmte er auf mich zu, klopfte mir auf die Schulter und lobte: »Dein Englisch war beängstigend gut.«

Ein schwerer Verlust

Im Mai 1985 erfuhr ich, dass mein Vater an einem inoperablen Lungenkarzinom litt. Ich wollte nicht, dass er diese Nachricht von einem fremden Arzt erhielt, und fuhr mit meinem Bruder Sebastian in die Klinik nach Gauting, wo wir ihm die Diagnose mitteilten. Auch wenn es im Angesicht des Todes kein »normalerweise« gibt, reagierte mein Vater doch so, wie wir es erwartet hatten: ruhig und relativ gelassen. Er bedankte sich für unsere Umsicht. Es war ihm lieber, von seinen Söhnen informiert zu werden.

Eine Chemotherapie lehnte mein Vater ab, und das war ein guter Entschluss, wie ich fand, denn Tag für Tag konnte ich im Sektionssaal sehen, welche verheerenden Spuren diese Art der Behandlung hinterließ. Seinerzeit zeigten sich die Medikamente häufig hoch aggressiv und garantierten keine wirkliche Verlängerung der Lebenszeit, wie es heute manchmal gegeben ist.

Einige Monate darauf rang mein Vater im Bett liegend plötzlich nach Luft. Ich rief den Notarzt. Und dann warteten wir. Die längste Zeit meines Lebens, und ich kann nur hoffen, dass sie meinem geliebten Vater nicht so lang erschienen ist. Ewigkeiten dauerte es, bis das Einzige gebracht wurde, was ihm half: Sauerstoff. Mit Blaulicht kam er ins

Pasinger Krankenhaus, wo wir den Ärzten seine Wünsche mitteilten: keine therapeutischen Maßnahmen, sondern nur das, was vom Gesetzgeber unbedingt gefordert wird. Abwechselnd wachten wir an seinem Bett. Meine Mutter, mein Bruder mit meiner Schwägerin und ich mit meiner Frau. Nach vier Tagen schlief mein Vater für immer ein. Er machte das so, wie er gelebt hatte: still und leise. Er schlief ein, und niemand merkte für einige Minuten, dass dies der große Schlaf war.

Die Familie nahm im Krankenhaus von ihm Abschied. Er sah wunderschön aus. Völlig entspannt, frisch und jung. So habe ich ihn noch heute in Erinnerung. Doch der unbeschwerte Anblick konnte mich nicht wirklich trösten. Für mich brach eine Welt zusammen. Mein Vater war mein großes Vorbild. So sehr hatte ich mir gewünscht, noch viele Jahre mit ihm verbringen zu dürfen, von ihm zu lernen und ihn an meinem Leben teilhaben zu lassen, für das er sich stets so unaufdringlich und wohlwollend interessierte. Ich legte den Kopf auf seine Brust und weinte, weinte, weinte, konnte gar nicht mehr aufhören und war nicht zu beruhigen, weder von meiner Mutter noch von meiner Frau oder meinem Bruder. Jetzt war der Bapa weg. Für immer. Selbst wenn er irgendwo sein mochte. Er redete nicht mehr mit mir. Er gab mir keine Antworten mehr auf die vielen Fragen, die ich ihm stellen wollte, die ich jetzt noch gar nicht wusste, die in der Zukunft ohne ihn ja erst entstehen würden. Gerade mal 65 Jahre war er alt geworden.

»Wir wünschen eine Obduktion«, sagte ich zu seinem behandelnden Arzt. »Ich will den Tumor sehen, der ihn umgebracht hat.« Später bat ich den Kollegen der dortigen Pathologie, den Tumor zu fotografieren; es wäre mir nicht möglich gewesen, bei der Obduktion meines Vaters anwesend zu sein, doch gemeinsam mit meiner Frau rasierte und wusch ich ihn und kleidete ihn an. Für mich war es selbstverständlich, dass ich das, was ich schon bei so vielen mir fremden Menschen getan hatte, auch bei meinem Vater tun würde. Der helle Kiefernsarg war rustikal gebürstet, ich war zufrieden mit unserer Wahl und glaubte, sie hätte auch ihm gefallen. Eine Weile noch schaute ich ihn an, meinen Bapa, dann setzte ich den Deckel auf den Sarg und trug ihn mit einem Mitarbeiter des Bestattungsunternehmens, der draußen vor der Tür wartete, aus dem Krankenhaus.

Schade, dass er nicht mehr miterlebt hat, wie es in meinem Leben weiterging, und schön, dass meine Mutter ihn um 25 Jahre überlebte. Jedenfalls weiß ich, dass er sehr stolz auf mich war. Dieses gute Gefühl hat mich durchs Leben getragen. Als ich ein Jahr vor seinem Tod zu meinem ersten Plastinationskongress mit Gunther nach Texas geflogen war, hatte mich mein Vater mit der S-Bahn bis zum Hauptbahnhof München begleitet und war sogar noch mit mir in das Zugabteil gestiegen. Er blieb bei mir, bis die Türen geschlossen wurden. Zum Abschied legte er mir die Hand auf die Schulter: »Gib dich so, wie du bist.«

Woher wir kommen, und wohin wir gehen

Anfang des Jahres 1985 bekamen wir von einem Versorgungsamt den Auftrag zur Sektion eines Mannes, der in der Nähe von Rott am Inn tot in seinem Wagen aufgefunden worden war. Zusammen mit unserem damaligen Oberarzt Dr. Bernhard Högl fuhr ich zum Friedhof nach Rott, um in einem Nebenraum des Leichenhauses die Sektion durchzuführen. Vier angestammte Leichenträger, typisch für ein Dorf wie dieses, hatten den Verstorbenen bereits entkleidet und auf einen schwarzen, circa 80 Zentimeter breiten und 1,80 Meter langen Sektionstisch aus Holz gelegt. Viel Platz war da nicht mehr für uns, dieser »Sektionssaal« maß maximal neun Quadratmeter. Immerhin gab es eine Emailleschüssel und ein Waschbecken mit Warmwasserboiler, allerdings mussten wir die Schüssel mit dem Wasser auf die Beine des Verstorbenen stellen. In diesem Ambiente hätte es mich kein bisschen gewundert, wenn Freiherr Carl von Rokitansky zur Tür hereingekommen wäre, der große Wiener Pathologe, der im 19. Jahrhundert die sogenannte Zweite Wiener Medizinische Schule mitbegründete. So muss es damals gewesen sein, an solchen Tischen hatten sie den alten Abbildungen nach gearbeitet: bei dämmrigem Licht, während der Putz von den Wänden blätterte. In den Operationssälen waren die Verhältnisse oft auch nicht viel besser. Seinerzeit arbeiteten die Ärzte – Frauen waren nicht zugelassen – im Frack, Operationen wurden oft im Hörsaal vor den Studenten vorgenommen, eine nach der anderen, und die Instrumente, wenn überhaupt, gerade mal am Frack oder einem Tuch abgewischt. Wundfieber gehörte praktisch zum Heilungsverlauf, und wer eine Operation überlebte, konnte sich glücklich schätzen. Die wurden bis 1846, als das Lachgas zögerlich Einzug hielt, ohne Narkose durchgeführt. Als »Anästhesisten« fungierten starke Männer, die die bemitleidenswerten Patienten an Armen und Beinen festhielten. Ein guter Chirurg brauchte ebenfalls Muskeln, denn es musste schnell gehen, ein Bein, einen Arm abzusägen, ehe der Patient am Schock verstarb. Hin und wieder steckte man einem der Bedauernswerten eine brennende Zigarre in den Anus: Man hatte herausgefunden, dass Nikotin betäubend wirkt. Obwohl dies alles so entsetzlich klingt, dass man es sich gar nicht genauer vorstellen möchte, flehten die Patienten die Ärzte häufig an, eine Operation vorzunehmen, da sie an grässlichen Schmerzen litten und keinen anderen Ausweg sahen als den Eingriff bei vollem Bewusstsein.

Ja, da hat man es schon leichter, wenn die Patienten ohne Bewusstsein sind! So wie der Mann in Rott, der geduldig alles mit sich machen ließ. Mangels Zellstoff füllten wir seinen Leichnam mit Zeitungen auf, die uns von einer schwarz gekleideten, umtriebigen kleinen Leichenfrau unablässig gebracht wurden. Bei jeder Lieferung erhaschte sie einen

Blick auf die eröffnete Leiche und lieferte auch dann noch Zeitungen, als wir längst keine mehr benötigten; und obwohl wir das zweimal deutlich geäußert hatten, fand sie immer neue Vorwände, ihren Kopf durch die Tür zu stecken und ihren dünnen Hals sehr lang zu machen:

»Ist das Wasser schön warm?«

»Fehlt noch was?«

»Soll ich ein bisserl aufwischn?«

»Wollen S' eine Tass heißn Tee?«

Das ging so lange, bis Dr. Högl ihr resolut einen Platzverweis erteilte. Unter den vorherrschenden Bedingungen dauerte die Sektion länger als im Institut, noch dazu froren wir erbärmlich und mussten uns die Hände immer wieder unter dem lauwarmen Wasserstrahl am Waschbecken aufwärmen.

»Es hätte noch umständlicher sein können«, sagte ich zu Dr. Högl, »es hätte hier auch gar kein warmes Wasser geben können. Seinerzeit bei Rokitansky, da hatten sie keine Boiler.«

»Und weniger Zeitungen«, brummte er.

Ich nähte die Leiche sauber zu und wusch sie, dann verpackten wir die Organe in unserer dicht verschließbaren Eisenkiste. Wieder im Freien fiel mein Blick auf das gegenüber gelegene weiße Gruftgebäude der in Rott ansässigen Familie Zwicknagel, wo die bei einem Unfall verunglückte Frau des damaligen bayerischen Ministerpräsidenten Franz Josef Strauß ruhte. Es kam mir nicht in den Sinn, dass dieser hier einige Jahre später selbst zur Ruhe gebettet würde – einbalsamiert von mir. In diesem Moment hätte es mich weniger gewundert, wenn mir der Rokitansky auf die Schulter geklopft hätte.

Dr. Högl und ich bedankten uns bei der Leichenfrau und den Trägern für ihre Hilfe und luden unsere Ausrüstung sowie die asservierten Organe in den Kofferraum meines Autos. Wir hatten Hunger, und die Wirtschaft gegenüber vom Friedhof machte einen einladenden Eindruck. Als wir die voll besetzte Gaststube betraten, richteten sich sämtliche Augen auf uns. Irgendjemand schien am Lautstärkeregler zu drehen, die Gespräche wurden leiser. Es gab nur einen freien Tisch in der Mitte der Stube. Die Blicke der Gäste folgten uns. Lediglich am Stammtisch wurde noch gesprochen und an einem Fenstertisch beim Karteln. Alle wussten, wer wir waren, woher wir kamen und was wir hier gemacht hatten.

Ich mag diese Aura des Gruseligen, Mysteriösen. Um unser Metier ranken sich viele Mythen. Ich bin es gewöhnt, dass mich die Leute beobachten, fixieren. Doch sie sprechen mich nicht an. Ich merke, dass sie es gern tun würden, aber sie trauen sich nicht – und vielleicht wissen sie auch nicht, wie sie es anstellen sollen. Wie fragt man nach dem großen Geheimnis, in dem alle Menschen gleich sind ...?

Alle Menschen, auch ein Ministerpräsident.

Franz Josef Strauß starb eines natürlichen Todes, an einem Herz-Kreislauf-Versagen am 3. Oktober 1988; der Tag der Deutschen Einheit wurde erst zwei Jahre später ausgerufen. Bereits am Samstag, dem 1. Oktober, meldeten die Medien, dass der bayerische Politiker bei einem Jagdausflug in Begleitung des Fürsten von Thurn und Taxis zusammengebrochen sei und in der Regensburger Klinik auf der Intensivstation mit dem Tode ringe. Am selben Tag noch rief

mich der Seniorchef eines großen Münchner Bestattungsunternehmens an.

»Herr Riepertinger, wissen S' schon Bescheid?«

»Ich hab's in den Nachrichten ghört.«

»Also, wir haben schon Kontakt mit der Familie und sind
im Falle des Ablebens des Ministerpräsidenten beauftragt,
eine Einbalsamierung durchzuführn.«

»Das hab ich mir schon gedacht.«

»Also damit's zu keiner Zeitverzögerung kommt, wär es
gut, wenn ihr euch schon einmal vorbereitn würdet.«

»Das machen wir. Und ihr ruft dann an, wenn's so weit
ist.«

»Ja. Ich ruf Sie an, sowie was gwiss ist.«

Am Montag, dem 3. Oktober, Highnoon, erhielt ich das Start-
signal. Ich informierte Professor Wurster, der uns bei der Klinikdirektion abmeldete, dann brachen wir zu dritt auf – mein
Kollege Wolfgang Morhard würde mit dabei sein. Alle
Utensilien hatte ich, wie besprochen, vorbereitet, wir luden
die Balsamierungslösung und unsere komplette Ausrüstung
in den Kofferraum des Wagens vom Chef und düsten
Richtung Regensburg. Vor dem dortigen Krankenhaus hatten
sich unzählige Menschen versammelt, die Menge wurde von
Polizeibeamten in Schach gehalten, die auch die Einfahrt
sicherten, damit sich keine Unbefugten Zutritt verschaffen
würden. Man befürchtete, es könnte Journalisten gelingen,
in die Klinik einzudringen und den toten Ministerpräsidenten zu fotografieren. In dieser Branche werden Fotos von
Prominenten in peinlichen Situationen stattlich bezahlt, und
ein *toter* Prominenter würde sicherlich Rekordsummen erzie-

len. Ein Jahr zuvor hatte mir ein Kollege aus Genf von einer hohen fünfstelligen Summe in Schweizer Franken erzählt, die ihm dafür geboten worden war, dass er den Kühlraum in seinem Institut für einen Fotografen öffnete. Dort befand sich der Leichnam des schleswig-holsteinischen Ministerpräsidenten Uwe Barschel, der in einem Genfer Hotel tot in der Badewanne aufgefunden worden war.

Mein Chef teilte dem Beamten an der Einfahrt mit, wer wir waren, woher wir kamen, wohin wir wollten und was wir dort zu tun gedachten. Der Beamte winkte uns durch. Auf dem Klinikgelände wollte Professor Wurster in Richtung Pathologisches Institut abbiegen, doch als wir zum zweiten Mal beantwortet hatten, wer wir waren, woher wir kamen, wohin wir wollten und was wir dort zu tun gedachten, erfuhren wir, dass dies eben nicht im Prosekturgebäude der Pathologie geschehen sollte, da man dazu den Leichnam des Ministerpräsidenten über das offene Gelände hätte transportieren müssen, was angesichts des befürchteten Fotoraubes zu gefährlich erschien. Wir sollten den Körper im OP der Urologie einbalsamieren. Professor Wurster folgte der Wegbeschreibung, als plötzlich ein junger Rekrut der Bereitschaftspolizei mit Tarnoverall und Stahlhelm aus dem Gebüsch sprang.

»Mein Name ist Professor Wurster, wir kommen aus der Pathologie München-Schwabing, um den Leichnam des Ministerpräsidenten einzubalsamieren«, meldete mein Chef knapp.

Der Beamte nahm Haltung an und salutierte. Als wir in den beschriebenen Hinterhof einfuhren, wussten wir gleich, dass wir richtig waren: Dutzende von Einsatzfahrzeugen, mindestens 50 Polizeibeamte – darunter auch der Einsatzleiter. Ich stieg aus, um uns mit dem wohlbekannten Sprüchlein anzumelden, wir bekamen einen Parkplatz zugewiesen, und dann war mein Chef wieder dran, unsere Parole zu verkünden. Aus den Augenwinkeln bemerkte ich, dass von einem kleinen Mäuerchen auf uns gezielt wurde. Ein Polizeifotograf behandelte uns erkennungsdienstlich.

Wir erfuhren, dass die Obduktion im Operationssaal der Urologie noch immer andauerte, und wurden gebeten, im ersten Stock des Gebäudes zu warten, wo eine komplette Krankenstation geräumt worden war, um die Einsatzzentrale der bayerischen Staatsregierung einzurichten. Einmal in dieser Sicherheitszone mussten wir unsere Legitimation nicht mehr aufsagen. Wir erkannten einige hochrangige bayerische Politiker und Persönlichkeiten des öffentlichen Lebens.

»Wie lang dauert es denn noch?«, fragte ich einen, der wichtig aussah.

Er zuckte mit den Schultern. Ich hatte Sorge, dass uns die Zeit davonlaufen würde, denn um 21 Uhr sollten wir fertig sein – und der späte Nachmittag stand schon auf der Kippe zum frühen Abend. Um uns herum klingelten ständig Telefone, die Atmosphäre war geschäftig und unruhig, Leute rannten hin und her, Anordnungen wurden gegeben, Entscheidungen gefällt – da war kein Platz für Trauer in diesem Moment.

Irgendwann wurde mir die Warterei zu bunt, und ich schlug meinem Chef und meinem Kollegen Wolfgang vor, schon mal mit den Vorbereitungen zu beginnen. Ich wollte hier keine Wurzeln schlagen, sondern heute noch zurück nach Hause und bat einen Kripobeamten, der in einer Gruppe von Kollegen vor der Tür zum Operationssaal stand, uns eine Staffelei zu besorgen, die wir in Form einer glänzenden Aluminiumleiter auch rasch bekamen.

Endlich öffnete sich die Schiebetür des OP, und der Vorstand des Instituts für Rechtsmedizin München, Professor Spann – er hatte mir damals mit seiner Erlaubnis, einer Sektion beizuwohnen, sozusagen ein Weihnachtsgeschenk gemacht –, sowie sein damaliger Oberarzt und späterer Nachfolger im Amt, Professor Wolfgang Eisenmenger, begrüßten uns freundlich. »Wir hätten's dann. Jetzt sind Sie dran.«

Während mein Chef sich mit seinen Kollegen unterhielt, betrat ich den OP, wo ein Präparator aus der Rechtsmedizin noch am Zunähen war.

»Näh nicht so fest«, bat ich ihn, »wir müssen ja sowieso gleich wieder aufmachen.«

Als mein Kollege seine Arbeit beendet hatte, waren der Ministerpräsident und ich ein, zwei Minuten allein. Da lag er, der Franz Josef Strauß. Den ich so oft im Fernsehen gesehen, im Radio gehört hatte. Sein Anblick ein vertrauter in all den Jahren. Aber weit weg. Einer von oben. Jetzt lag er vor mir und sah genauso aus wie all die anderen Toten, die ich Tag für Tag aufschnitt.

Im Tod sind wir alle gleich. Obwohl das beileibe keine neue Erkenntnis für mich war, zeigte sie angesichts des verstorbenen Ministerpräsidenten doch eine beeindruckende Realität.

Auf einmal wurde es unruhig. Unser Team sollte den Raum wechseln, da der OP nun komplett sterilisiert werden musste, damit am nächsten Tag die geplanten Operationen stattfinden konnten.

Wolfgang und ich betteten den Leichnam auf eine fahrbare Edelstahlmulde, bedeckten ihn mit einem weißen Laken und rollten ihn einen langen Gang entlang, in dem alle paar Meter ein Polizist wachte. So gelangten wir zu der kleinen Kammer, wo wir die Einbalsamierung in Ruhe durchführen sollten. Flugs machten wir uns an die Arbeit und eröffneten den zugenähten Körper, damit wir die Lösung mittels großer Spritzenkanülen in die Extremitäten und das gesamte Gewebe des Körpers injizieren konnten. Das stellte sich in dem kleinen Raum als schweiß- und tränentreibende Aufgabe heraus. Formalin hat einen stechenden Geruch und sollte in solchen Dosen nur bei guter Lüftung zur Anwendung kommen. Selbst einem hartgesottenen Profi wie mir gingen da die Augen über – in dem kleinen Raum herrschte ein Dunst, der an eine Waschküche erinnerte. Zwischendurch erholten wir uns draußen immer wieder mit ein paar Atemzügen Frischluft. Wenn mich also jemand fragt, ob ich um Franz Josef Strauß Tränen vergossen habe, kann ich ohne rot zu werden antworten: viele!

Da bei der Obduktion die Gefäßverbindungen getrennt worden waren, mussten wir immer wieder Balsamierungslösung in das Muskel- und Fettgewebe einspritzen. Die Arbeit zog sich in die Länge. Nachdem wir mit dem Körper fertig waren, widmete ich mich dem Kopf und injizierte das Fixationsmittel, das für die gute Erhaltung des Gewebes während der Trauerzeremonie und Beisetzungsfeierlichkeiten sorgen würde. Unsere Pausen an der Frischluft wurden seltener – und so schafften wir es! Kurz vor 21 Uhr, dem Termin der Aufbahrung in der krankenhauseigenen Kapelle, konnten wir den Wartenden melden, dass es vollbracht war. Der Seniorchef des Bestattungsunternehmens, der mich informiert hatte, war mittlerweile mit einem ganzen Tross eingetroffen: mit acht Mitarbeitern, darunter mein Freund Uwe, und der Seniorchefin. Wolfgang legte letzte Hand an den Ministerpräsidenten und schminkte ihm Gesicht, Hals und Hände. Beim Farbton des Teints war er sich unsicher und tupfte eine Farbprobe nach der anderen auf seinen Unterarm, hielt ihn an das Gesicht des Leichnams, schüttelte den Kopf, probierte die nächste Nuance. Schließlich wandte er sich Hilfe suchend an die Frau des Bestattungsunternehmers, präsentierte ihr seinen Arm und fragte: »Was für eine Farb' soll ich nehmen? Was meinen Sie?«

»Sie schaun ja aus wie der Maler Klecksl«, erwiderte die Chefin, ehe sie – ohne zu zögern – auf einen Farbton deutete.

Wenn Jugendsünden
in den frühen Tod münden

Wer so viel mit dem Tod zu tun hat wie ich, legt oft großen Wert auf eine gesündere Lebensweise – im Angesicht des Todes erscheint das Leben doppelt kostbar. Deshalb arbeite ich seit vielen Jahren auch in der Suchtprävention. Es schmerzt mich, wenn das wunderbare Geschenk des Lebens mit Füßen getreten wird wie beim Alkohol- und Nikotinmissbrauch. Wer über die Folgen aufgeklärt ist, kann später wenigstens nicht behaupten, er hätte nichts gewusst.

Die häufig unterschätzte Gefahr bei jungen Menschen liegt darin, dass die Gewöhnungszeit, um alkoholkrank zu werden, erheblich geringer ist als bei Erwachsenen. Bei einem erwachsenen Mann dauert es im Schnitt zehn bis fünfzehn Jahre, bei einer erwachsenen Frau zwischen acht und zehn Jahren. Bei Jugendlichen genügen sechs Monate bis zwei Jahre, da das Gewebe der Heranwachsenden stärker auf die exogenen Gifte reagiert. Ich selbst trinke bis heute äußerst selten Alkohol. Er hat mir nie geschmeckt, auch nicht in der Jugend. Außerdem war ich viel zu beschäftigt, um mir zeit- und energiefressende Kater leisten zu können!

Im Gegensatz zu den in der Klinik tätigen Ärzten rolle ich bei meiner Art von Suchtprävention Jugendlichen gegenüber den Fall sozusagen von hinten auf. Ich verdeutliche ihnen die Konsequenzen ihres Handelns und die Endstation: den möglicherweise frühen und sehr unangenehmen Tod, der schneller eintreten kann, als sie es sich jetzt vielleicht vorstellen, mit ihren 13, 14 oder 15 Jahren. Auf einmal sind sie 40 oder 50 und fangen an zu bereuen. Doch dann ist es zu spät. »Jetzt stellt ihr die Weichen für eure Gesundheit. Jetzt entscheidet ihr, wie ihr mit eurem Körper umgehen wollt«, sage ich ihnen und führe schon mal Leonardo da Vinci an: »Der Mensch verbringt die erste Hälfte seines Lebens damit, sich die Gesundheit zu ruinieren, und die zweite damit, sie wiederherzustellen.«

Bei keinem meiner Vorträge bin ich so naiv zu glauben, dass die Jugendlichen beim Verlassen des Hörsaals beeindruckt ihre Zigarettenschachteln zusammenknüllen und wegwerfen und darüber hinaus in Zukunft einen großen Bogen um Alkohol machen. Doch ich glaube, dass es mir gelingt, bei dem einen oder anderen die Erkenntnis anzustoßen, dass er sein Leben selbst in der Hand hat. »Wenn Sie all das, wovor ich Sie nun gewarnt habe, trotzdem tun und Sie später das Schicksal in Form eines Todes infolge Ihres Alkoholkonsums ereilt, können Sie nicht sagen, Sie hätten nichts gewusst. Das bedeutet, Sie alleine sind schuld daran, dass Ihr Leben dann beendet ist. *Sie* tragen die Verantwortung für das Gelingen oder das Misslingen Ihrer Träume, Wünsche, Vorstellungen – Ihrer Pläne, wie Ihr Leben aussehen soll.«

Ob Frau oder Mann – in beiden Körpern werden weibliche und männliche Sexualhormone produziert: Östrogen und Testosteron. In der Leber werden sie geschlechtsspezifisch abgebaut. Bei einer Leberzirrhose, also einer Schrumpfleber, funktioniert dieser Abbau nicht mehr, und das kann man den betroffenen Männern ansehen: Ihnen wachsen Brüste, was man als Gynäkomastie bezeichnet. Darüber hinaus verkleinern sich ihre Hoden, und ihre Schambehaarung erscheint weiblich, nämlich klar abgegrenzt. Bei Frauen mit Leberzirrhose schrumpfen die Brüste, der Haarwuchs im Gesicht und am Bauch wird üppiger.

Am Ende seines Lebens ist ein chronischer Alkoholiker ausgezehrt, seine Arme und Beine sind dünn, sein dicker Bauch weist eine schwabbelige Konsistenz auf, was auf Bauchwassersucht, Aszites genannt, zurückzuführen ist. Ein trauriger Rekord liegt bei acht Litern, die wir einmal abschöpften. Die Haut ist durch einen Ikterus, Gelbsucht, bronze- bis gelbfarben, das Gesicht und der Zahnstand sind wesentlich vorgealtert. Einige Alkoholkranke leiden unter Oesophagusvarizen, Krampfadern an der Speiseröhre, Anastomosen, Nebenleitungen für das Blut, die der Körper anlegt, wenn die Läppchenstruktur der Leber bei einer Zirrhose in Bindegewebsstraßen umgewandelt wird. Diese Blutstauungen können spontan platzen, sodass sich das Blut schwallartig aus dem Mund ergießt. So spucken manche Alkoholiker in einem Blutstrahl ihr Leben aus. Literweise. Sehr unschön. Für die Betroffenen und für diejenigen, die sie finden. Bei der Obduktion des Leichnams finden sich Blutkoagel, geronnenes Blut im Magen und flüssiges Blut im nahezu gesamten Darm.

Auch bei einem Gewohnheitstrinker und bei vielen, die sich für ganz normale Alkoholgenießer halten – *Ich bin doch kein Alkoholiker, ich doch nicht, das kühle Bierchen, die schöne Flasche Wein, das kleine Schnäpschen, der edle Tropfen –*, zeigt sich, dass der Körper dieses Gift nicht genießt. Es zerstört ihn. Oft finden wir eine stark angeschwollene Fettleber. Manches Organ wiegt bis zu vier Kilo, normal sind 1500 Gramm. Eine Fettleber sieht nicht glücklich aus in ihrem blässlichen Gelb, und sie fühlt sich nicht schön an in ihrer teigigen Konsistenz. Wenn man ihre Oberfläche eindrückt, verschwinden die Dellen nicht mehr. Auch die Milz finden wir häufig vergrößert, und das Unterhautfettgewebe kann erheblich an Dicke gewinnen. Ein weiteres Problem beim Alkoholkonsum ist der Bluthochdruck, der zu einer enormen Vergrößerung des Herzens führen kann. Ein durchschnittliches Herz bringt ein Zweihundertstel des Körpergewichts auf die Waage, zwischen 250 und 350 Gramm. Das große Herz mag zwar lieb sein und für eine Seele von Mensch schlagen, doch wenn es über 500 Gramm wiegt, hat sich seine Muskelmasse dergestalt vermehrt, dass die Herzkranzgefäße sich diesen Bedingungen nicht mehr anpassen können, was zu einer permanenten Unterversorgung des Herzmuskels mit Sauerstoff und in der Folge zum Sekundentod führen kann. Vom Pathologen Otto von Bollinger, Lehrer von Siegfried Oberndorfer, der ein derart vergrößertes Herz in einer bestimmten Berufsgruppe häufig fand, stammt die Bezeichnung »Münchner Bierfahrerherz«. Der Fachausdruck lautet Cor bovinum, Ochsenherz. Solche Herzen wiegen über 1000 Gramm. Diese Herzvergrößerung ist eine Folge von übermäßiger Flüssigkeitszufuhr in Gestalt von Bier. 15 Liter Bier pro Tag waren für einen anständigen Münchner Bierfahrer im 19. Jahrhundert keine Seltenheit. Dies führt auch zu Bluthochdruck, der wiederum eine Hirnmassenblutung auslösen kann, wenn der Druck auf die zarten Hirngefäße zu stark wird und sie platzen. Bei chronischen Alkoholikern spricht man von einer alkoholtoxischen Hirnatrophie, die auch der Volksmund kennt: Der hat sich blöd gesoffen.

Der blaue Dunst hingegen materialisiert sich bei der Obduktion zu deutlichen Vergiftungsspuren. Beim Aufschneiden der Lungen erkennen wir an den anthrakotischen Einlagerungen auf den Pleurablättern, dem Rippenfell, und den Empyhsemblasen, also den überblähten Lungenbläschen, ob jemand stark geraucht hat. Die aufgeschnittenen Gefäße zeigen uns, wie massiv die Arteriosklerose entwickelt ist. Das Alter eines Toten, das wir dem Begleitzettel entnehmen, stimmt oft nicht überein mit dem, was wir vorfinden. So kann ein älterer Mensch, der gesundheitsbewusst lebte, einen wesentlich jüngeren Körper mit weniger arteriosklerotischer Veränderung haben als ein junger Mensch, der kaum auf seine Gesundheit achtete. Ich selbst bin beim Nikotin niemals über die Probierphase hinausgekommen. Worüber ich mir in meiner Jugend keine großen Gedanken machte – Rauchen schmeckte mir einfach nicht –, erkenne ich heute als großen Vorteil. Nikotin ist ein Gift und schädigt die Körperzellen nicht nur von Lunge, Magen und Speiseröhre, sondern das gesamte Gefäßsystem des Körpers. Die Folgen sind unter vielen anderen schwere Arteriosklerosen, Bluthochdruck, Herzinfarkt, Raucherbein. Teerprodukte können vom Körper nicht abgebaut werden. Sie lagern sich gern auf den Pleurablättern oder in den Lymphknoten ab. Dadurch erhöht sich die Gefahr der Krebsbildung.

Wenn ich manchmal im Sektionssaal vor so einem Körper stehe, der von seinem Besitzer systematisch zugrunde gerichtet wurde, hält sich mein Mitleid in Grenzen. Jeder Mensch ist für sich selbst verantwortlich, und ich bin der Meinung, dass in der heutigen Zeit niemand behaupten kann, er hätte nicht gewusst, dass Alkohol und Nikotin ungesund sind.

Der Junge und die Schrotflinte

Die extremste Form der schlechten Behandlung des Körpers ist der Suizid. Tag für Tag beenden Menschen ihr Leben auf diese Art und Weise, auch wenn wir selten davon erfahren, da die Presse nur gelegentlich darüber berichtet. Trotzdem finden Suizidanten leider oft Nachahmer. Die Selbstmörder, an denen ich arbeite, kommen meistens aus dem Institut für Rechtsmedizin. Angehörige möchten sich verabschieden, und dazu muss der Verstorbene oftmals hergerichtet werden, was sich – je nach Art des Selbstmordes – aufwendig gestalten kann.

Sicher interessieren mich die Beweggründe, die einen Menschen dazu gebracht haben, sich das Leben zu nehmen. Ich maße mir jedoch nicht an, darüber zu urteilen, dass er es getan hat. Ich werte nicht. Das ist einzig und alleine die Entscheidung dieses Menschen, auch wenn keiner aus seiner Verwandtschaft und von seinen Freunden es jemals verstehen wird. Niemandem steht es zu, über diesen Entschluss zu richten.

Manche Selbstmörder wollen ein Zeichen setzen. Sie greifen zu Tabletten oder versuchen sich mit Autoabgasen umzubringen. Bei beiden Arten besteht die Möglichkeit, gerettet zu werden, sollte man rechtzeitig gefunden werden – eine Garantie gibt es allerdings nicht. Suizidanten, die auf Nummer sicher gehen wollen, wählen die Kugel, den Strick, den Freitod auf Schienen oder springen aus großer Höhe. Diese Todesarten sind unumkehrbar, die Chance, gerettet zu werden, ist deutlich kleiner. Ich habe die Erfahrung gemacht, dass Frauen zu extrem zerstörerischen Suiziden neigen, die den Körper regelrecht zerfetzen: Schienen, Springen. Männer tendieren zum Erhängen oder Erschießen. Ich glaube nicht, dass die Suizidanten eine genaue Vorstellung von dem haben, was passieren wird. Wer sich erschießen möchte, hofft vielleicht, das würde mit einem kleinen Löchlein am Kopf enden. Das ist ein Irrtum, der in erster Linie Fernsehkrimis zuzuschreiben ist. Ich habe unzählige Diskussionen mit Regisseuren und Maskenbildnern geführt und sie darauf hingewiesen, dass ihre Darstellung beispielsweise von Kopfschüssen nichts mit der Wirklichkeit zu tun hat. Auch Bauchschüsse sind in der Realität beeindruckender als ein Fleck Ketchup, denn im Bauch befindet sich ja etwas: das Gedärm.

»Um Himmels willen, so was können wir nicht zeigen!«

»Das verstehe ich«, erwidere ich, »aber das, was ihr zeigt, bringt die Leute auf falsche Ideen. Das ist Weichzeichnerei. Wer sich in den Kopf schießt, kann damit einen ganzen Raum in ein Schlachtfeld verwandeln. Das will doch normalerweise keiner seinen Angehörigen zumuten! Und die Angehörigen wiederum verstehen es später nicht, wenn man ihnen erklärt, dass es umfangreicher plastischer Rekonstruktionsmaßnahmen bedarf, ehe ihr lieber Verstorbener so weit hergestellt ist, dass sie sich ohne Schock von ihm verabschieden können.«

Bei Schussverletzungen kommt es auf den Einschusswinkel und das Kaliber an. Das Eintrittsloch ist meistens relativ klein. Am Ausschussloch ist eine kraterförmige Absprengung des Knochens mit einer typischen kreuzförmigen Einreißung der Kopfhaut sichtbar. Im extremsten Fall wird das gesamte Schädeldach weggesprengt, und das Hirn spritzt aus dem Schädel heraus.

Genauso war es beim Fall eines 15-jährigen Jungen, der sich im Keller des elterlichen Hauses mit der Schrotflinte seines Großvaters das Leben nahm. Er hatte die Unterschrift seines Vaters gefälscht, um eine schlechte Note zu vertuschen. Das war aufgeflogen. Die Mutter verpasste dem Sohn eine Standpauke. Sie wird ihm das Übliche erzählt haben. Dass man keine Unterschriften fälscht, auch nicht die der Eltern, und wie wichtig es ist, einen guten Schulabschluss zu schaffen, gerade in der heutigen Zeit. Man kann es sich vorstellen. Solche Gespräche finden täglich überall auf der Welt statt. Die Mutter ging nach dem Gespräch ins Badezimmer, wusch und föhnte sich die Haare. So weit, so normal. Der Sohn jedoch stieg in den Keller. Dort schrieb er einen Abschiedsbrief, in dem er sich entschuldigte, seinen Eltern so viel Kummer bereitet zu haben. Dann nahm er Opas doppelläufige Schrotflinte in den Mund und drückte ab. Die Schusswirkung war so gewaltig, dass die gesamte Schädelbasis, das Schädeldach und Teile des Gesichtsschädels bei völliger Enthirnung zerstört wurden. So fand ihn die Mutter, als sie ihren Buben im ganzen Haus suchte, weil sie ihn fragen wollte, ob er auch so ein komisches Geräusch gehört habe. Ja, vielleicht hatte er es noch gehört. Dann wird es das Letzte gewesen sein, was seine Ohren erreichte. Doch meistens ist der Tod schneller als der Knall.

Die Mutter hatte den Wunsch, sich in Ruhe von ihrem wiederhergerichteten Sohn zu verabschieden, da sie den Anblick, der sie im Keller zutiefst geschockt hatte, aus ihrem Gedächtnis löschen wollte. Zudem wollte sie nicht mit der Vorstellung leben, dass ihr über alles geliebtes Kind mit diesem zerschossenen Kopf beerdigt wurde. Wir wünschen uns, dass unsere Liebsten unversehrt sind, möchten sie nicht in Einzelstücken zu Grabe tragen, sondern als Ganzes.

Die hygienische Totenversorgung oder plastische Rekonstruktion ist enorm wichtig für den Trauerprozess der Hinterbliebenen. Sie dient auch dazu, bei unnatürlichen gewaltsamen Todesfällen den nächsten Angehörigen und Freunden die Möglichkeit zu geben, den Verstorbenen noch einmal in einem Zustand zu sehen, der keinen schrecklichen Anblick bietet und die Hinterbliebenen mit einem beruhigten Gefühl zurücklässt. Es ist erwiesen, dass die Angehörigen, die eine Nachricht vom plötzlichen Tod – ob Unfall oder Selbstmord – eines Angehörigen durch die Polizei erfahren und keine Chance erhalten, sich von ihrem geliebten Menschen in einem gut rekonstruierten Zustand am offenen Sarg zu verabschieden, ein Trauma erleiden, das sie lebenslänglich schwer belasten kann. Vor dem geschlossenen Sarg beginnt der Teufelskreis des Fragenkarussells. *Ist mein Angehöriger wirklich tot? Liegt er wirklich in diesem Sarg? Woher weiß ich, dass das stimmt, was die mir erzählen? Warum darf ich ihn nicht sehen? Weshalb raten sie mir ab? Was soll ich nicht sehen? Oder ist das alles Lüge? Wie entsetzlich ent-*

stellt mag er aussehen? Was muss mein lieber Angehöriger durchgemacht haben? Diese quälenden Zweifel können so weit führen, dass manche Angehörige lebenslänglich auf der Suche nach den Verstorbenen sind, die sie innerlich niemals beerdigen konnten. Ein Abschied ist immer ein Punkt, ein Schluss, auch wenn er äußerst schmerzhaft ist: Er beendet eine Zeit, eine neue bricht an. Hierbei kommt Ritualen eine hohe Bedeutung zu. Viele Hinterbliebene, denen der Abschied verwehrt bleibt, begegnen immer wieder irgendeinem Menschen, der aussieht wie er oder wie sie, häufig bei Massenveranstaltungen. Anlässlich des Münchner Oktoberfestes wurde mir so etwas schon einige Male erzählt. Hinterbliebene glauben, ihren lieben Verstorbenen entdeckt zu haben, sie laufen dem Fremden nach, verfolgen ihn, verlieren ihn im Getümmel, sind tagelang durcheinander – bis zur nächsten »Wiederbegegnung«. Diese traumatischen Erlebnisse führen oft in eine jahrelange Leidensgeschichte, die nicht selten nur noch mit Psychopharmaka gelindert werden kann. Es ist nachgewiesen, dass diejenigen Trauernden, die sich von ihren Verstorbenen verabschieden konnten, mit einem besseren und auch sichereren Gefühl weiterleben und die Trauerarbeit in ihren natürlichen Phasen ohne traumatische Einbrüche durchlaufen.

Auch Kinder können – unabhängig vom Alter – zu solch einem Abschied mitgenommen werden, wenn die plastische Rekonstruktion wirklich geglückt ist und sie den Toten erkennen können: *Das ist die Oma, und jetzt ist sie tot.* Allerdings sollte man Kinder nicht zu einem Abschied überreden, sie sollten von sich aus den Wunsch äußern. Dann kann man sie ermutigen, für den Opa oder die Oma,

Bruder oder Schwester ein Bild zu malen oder ein Spielzeug auszusuchen, das dann in den Sarg gelegt wird. Solche Handlungen sind sehr wichtig: Wir geben unseren Verstorbenen noch etwas mit auf den Weg. Auch wenn Haustiere sterben, soll Kindern die Möglichkeit gegeben werden, mit Ritualen ihren Abschied zu begehen. *Nur ein Hamster?* Für ein Kind kann das der liebste Freund gewesen sein, dem jedes Geheimnis flüsternd anvertraut wurde und der so manchen Kummer mit seinem putzigen Männchen-Machen in Lachen auflöste! Deshalb sollten wir Großen respektvoll mit der Trauer unserer Kinder umgehen. Hilfreich ist es, gemeinsam einen Grabstein zu basteln oder im Fall des toten Hamsters einen kleinen Sarg aus Karton, weich ausgepolstert mit Watte. Es ist allerdings nur bei kleinen Tieren gestattet, sie im Garten zu beerdigen. Für Lassie und Co. gibt es mittlerweile Tierkrematorien und Tierfriedhöfe.

Ich bin sehr froh, dass die Zeiten vorbei sind, in denen man Hinterbliebenen von Unfallopfern davon abriet, ihre Verstorbenen noch einmal in Augenschein zu nehmen. »Behalten Sie ihn lieber so in Erinnerung, wie Sie ihn gekannt haben. Wenn Sie ihn in dem Zustand anschauen, kriegen Sie bloß Albträume.«

Ja, die können die Hinterbliebenen allerdings kriegen, wenn sie den Abschied am Sarg unterlassen, weil sie sich ausmalen, wie ihr geliebter Mensch nach dem Unfall oder Suizid aussieht. Wenig kann so quälend sein wie die eigene Fantasie. Heute werden Trauernde in solchen Situationen vom Kriseninterventionsteam KIT ausdrücklich ermutigt, sich von ihren Angehörigen zu verabschieden, die durch Rekonstruktion so hergerichtet werden können, dass niemand erschrecken muss. Wer das trotzdem auf keinen Fall möchte, wird einfühlsam darauf vorbereitet, dass er dies später womöglich bedauern könnte. Den Hinterbliebenen wird geraten, noch einmal in sich zu gehen, ehe sie endgültig entscheiden.

Nachfolgend möchte ich einige Auszüge aus Dankesschreiben zitieren, allerdings nicht, um etwa zu zeigen, wie gut ich Verstorbene herrichten kann, sondern um die Bedeutung dieser Tätigkeit und des gelungenen Abschieds für die Hinterbliebenen zu dokumentieren:

»Ihr großes Können hat die grausige Verabschiedung meiner Frau um so vieles erleichtert. Besonders für meine Kinder. Alle haben sie noch einmal diesen lieben Menschen und Freund ansehen können ...«

»Ich bin Ihnen sehr dankbar. Viele Wochen habe ich mich herumgequält mit den Gedanken über meine Tochter. Und jetzt ruht sie in Frieden und genauso in meiner Erinnerung ...«

»Wir müssen jetzt keine Angst mehr vor Gespenstern haben. Alles ist gut. So gut es geht. Danke ...«

»Es ist nun schon ein Jahr her, seitdem Sie mich davon überzeugt haben, meine liebe Omi noch einmal anzusehen, mit der ich zugleich die allerbeste Freundin verloren habe. Ich denke noch viel an sie, und sie fehlt mir noch immer sehr. Sie haben mir damals die Möglichkeit gegeben, sie noch einmal zu sehen, um mich von ihr verabschieden zu können. Hinzu kommt, dass Sie mir viel Verständnis und Mitgefühl gaben, weil ich so lange ich wollte bei ihr im Zimmer bleiben durfte. Dafür wollte ich mich schon lange herzlich bedanken und tue es heute ...«

Diese Schreiben bedeuten mir sehr viel. Sie bezeugen, wie wichtig es für die Angehörigen ist, die Verstorbenen noch einmal zu sehen. In meinem Beruf bekommt man selten positives Feedback – meine Kundschaft ist schweigsam –, und umso mehr freuen mich solche Zeilen. Sie motivieren mich auch immer wieder, mein Bestes zu geben, um einen Leichnam, der womöglich in Einzelteilen ankommt, doch noch so herzurichten, dass ein guter Abschied für die Angehörigen gelingt. Manchmal gestaltet sich so etwas überaus schwierig. Zum Beispiel wenn der Kopf fehlt und mit nassem Zellstoff rekonstruiert und aufgebaut werden muss. Bei der Austrocknung des Zellstoffs erhärtet die Masse wie Pappmaschee – so bleiben die Konturen dauerhaft erhalten. Natürlich gehört zur Rekonstruktion eines solchen Kopfes, vor allem wenn der Gesichtsschädel mit betroffen ist, ein hohes Maß an anatomischem Wissen, dazu handwerkliches und künstlerisches Geschick. Genau diese Kombination habe ich mir in vielen Jahren Praxis aneignen können – auf der Basis meiner Lehre in einem Handwerksberuf. Abgerundet wird das Ergebnis von der feinen Nahttechnik, die das A und O des medizinischen Präparatorenberufs darstellt. Kürzlich hörte ich von einer Schneiderin, die im Krieg eine Platzwunde an der Stirn ihres Nachbarn zusammennähte. Ich nähe manchmal ebenfalls fremd – bei mir ist es dann Stoff statt Haut. Knöpfe kann ich auch.

Manchmal erhalte ich von den Angehörigen Fotos, was sinnvoll ist, wenn kosmetische Maßnahmen gewünscht werden, um beispielsweise die Farbnuancen eines Gesichts besser nachvollziehen zu können. Sollte das Gesicht verfärbt sein, greifen wir in unser Schminkköfferchen. Mit einer speziellen Fettschminke, die wir mit Puder fixieren, lassen sich Flecken aller Art sehr gut abdecken.

Bei dem Jugendlichen mit der Schrotflinte wurde mir kein Foto zur Verfügung gestellt. Wir formten den Kopf anatomisch nach und bauten ihn auf; die Kopfhaut war, wenn auch zerrissen, immerhin vorhanden. Im Gesicht mussten wir einige Stellen abkleben wie zum Beispiel einen Augenwinkel, wo es zu starken Verletzungen gekommen war. Mit dem Ergebnis waren wir zufrieden. Und die Angehörigen auch, wie ich später vom Bestatter erfuhr.

Der Sprung

Die Frau war aus dem zwölften Stock gesprungen – und das sah man ihr an. In den meisten Fällen springen Selbstmörder nicht mit dem Kopf voran. Sogar ganz zum Schluss besteht noch der Reflex, das Wichtigste, was wir haben, zu schützen: unsere Schaltzentrale Gehirn. In diesem Fall war es nur noch teilweise vorhanden und auch nicht im Kopf der Frau, sondern als klumpige Masse gemeinsam mit dem Körper in einer blutverschmierten Plastikfolie angeliefert worden.

Die Frau war Ende 20, und auf dem Foto, das mir ausgehändigt wurde, damit ich ihr Gesicht wiederherstellen konnte, strahlte mich das blühende Leben an. So eine hübsche junge Frau. Mitreißendes Lachen. Nun lag sie vor mir. Warum hat sie das getan, fragte ich mich. Erst später, als ich die Hintergründe erfuhr, konnte ich mir eine Kurzschlusshandlung zusammenreimen. Sie hatte die Diagnose Gehirntumor erhalten und sollte am nächsten Tag mit einer Chemotherapie beginnen, da man hoffte, den Tumor vor der Operation zu verkleinern. Zu diesem Termin erschien die Patientin nicht. Sie zog es vor zu springen.

Ihr Kopf platzte auf, der Schädel wurde fast vollständig enthirnt, Teile des Großhirns quollen aus der klaffenden Schädellücke. Beide Beine brachen – und das ist wie gesagt typisch, denn ein Selbstmörder springt in den allermeisten Fällen so, dass er vermutet, auf Füßen oder Po zu landen. Als ob die Landung dann noch eine Rolle spielen würde. Die Sprungart ist allerdings ein wichtiger Anhaltspunkt für Rechtsmediziner, um zwischen Unfallgeschehen und Straftat zu unterscheiden. Ein weiteres Kennzeichen für einen Suizid scheint das Ausziehen der Schuhe zu sein. Dann springen sie. Und später stehen die Schuhe oben auf der Brücke, schön ordentlich Seite an Seite. Ein erfahrener Ermittler weiß sofort, was das bedeutet.

Als ich noch bei meinem Freund Uwe aushalf, sargten wir im Friedhof Fürstenfeldbruck einmal einen Mann um, der aus dem ersten Stock vom Balkon gefallen und mit dem Kopf voran auf die Straße geknallt war. Beim Blumengießen hatte er das Gleichgewicht verloren.

»Und das war wirklich bloß der erste Stock?«, versicherte ich mich, weil ich es kaum glauben konnte ... und vielleicht auch ein bisschen an meinen eigenen Sturz aus dem Hochparterre dachte, bei dem mir der Tod das Leben gerettet hatte.

»So ein Schädel, der platzt dir auf wie eine Wassermelone«, erklärte Uwe.

Ganz ähnlich wie bei diesem Mann sah auch das Ergebnis aus, das nun auf dem Tisch vor uns lag – wobei die Bestatter das Gehirn natürlich eingesammelt hatten, um es uns so vollständig wie möglich zu übergeben. Die Frau hatte einen Abschiedsbrief hinterlassen, die Verletzungen, die zum Tode geführt hatten, waren eindeutig, und somit gab es seitens der Staatsanwaltschaft keine Anordnung zur Obduktion. Nach der ersten Inaugenscheinnahme des Schädels begannen wir mit unserer Rekonstruktion. In einem solchen Fall greift nach wie vor das alte Heilmittel Nadel und Faden. Wir füllten die leere Schädelhöhle mit in Konservierungslösung getränktem Zellstoff, weil wir das Hirn aus den genannten Gründen nicht mehr rückverlagern konnten, sondern es in speziellen Entsorgungsbehältern schicklich entsorgen mussten. Da bei dem Leichnam in erster Linie das Schädeldach von den Sturzverletzungen betroffen war, verlief die Wiederherrichtung unproblematisch. Nachdem wir den Kopf versorgt hatten, wuschen wir die Verstorbene und trockneten sie mit einem großen Badelaken ab. Ich shampoonierte die Haare, kräftige, prächtige blonde Haare, föhnte sie und drapierte sie um den Kopf, dem man den Sprung aus dem zwölften Stock nun nicht mehr ansah. Die Beine erforderten kaum Aufwand, weil es sich nicht um offene Brüche handelte und es im Sarg unerheblich ist, ob die Beine stabil oder biegsam sind, sie liegen ja unter der Decke. Seltsam mutete es uns an, die Frau in das Kleid zu hüllen, das ihr Verlobter uns gebracht hatte. In zwei Wochen wäre die Hochzeit gewesen. Fassungslos hatte mir der traurige Bräutigam das in Seidenpapier eingeschlagene Brautkleid gereicht: weiße Spitze, Schleier. Er hielt es in den Armen wie eine Gestalt, die er nun niemals über die Schwelle tragen würde.

Als eingespieltes Team benötigen Ralph und ich normalerweise kaum zehn Minuten für das Ankleiden eines Leichnams. Die Leichenstarre lösen wir natürlich, wenn sie nicht ohnehin bereits vorbei ist. Nachdem der Leichnam gewaschen und abgetrocknet ist, stellen wir uns rechts und links des Toten an die Seite des Bahrwagens. Zuerst legen wir die Unterwäsche an, indem wir die Hose über die Beine ziehen und diese anheben, um sie über die Hüfte streifen zu können. Unterhemd, T-Shirt und Ähnliches platzieren wir mit der Rückseite nach oben auf der Brust. Wir schieben die Arme von innen in die Ärmel, heben die Arme über den Kopf und ziehen den Kopfausschnitt darüber. Gleichzeitig heben wir den Oberkörper an, um das Unterhemd hinter dem Rücken nach unten zu streifen. Hemd, Jacken oder Sakkos werden auf die gleiche Art angelegt. Socken oder Strümpfe kommen als Nächstes an die Reihe. Bei Frauen werden die Kleider ebenfalls auf dem Körper ausgebreitet, damit wir die Arme von innen in die Ärmel stecken können. Hochzeitskleider ziehen wir, wenn es ihr Schnitt erfordert, von unten über die Füße nach oben.

Im Übrigen kleiden wir – bis auf extrem korpulente Körper – alle Verstorbenen an, ohne die Kleidung hinten aufzuschneiden, wie es andernorts üblich sein mag.

Sargbeigaben sind in Form von Fotos, selbst gemalten Bildern, Briefen, Stofftieren, Rosenkränzen und Blumen jederzeit möglich.

Leder – als nicht verrottendes Material – darf nicht eingesargt werden, also auch keine Schuhe. Bei der Kleidung ist darauf zu achten, dass sie aus verrottenden Materialien wie Baumwolle oder Leinen besteht. Wir erleben es oft, dass in Pflegeheimen Verstorbene mit ihren Windelhosen eingesargt werden, was beim Verwesungsprozess große Probleme bereitet, wie der neue Vorstand des Münchner Instituts für Rechtsmedizin, Professor Dr. Matthias Graw, von zahlreichen Exhumierungen weiß. Unter die Windelhose dringen weder Sauerstoff noch Wasser, die Voraussetzungen für eine natürliche Verwesung sind.

Bei einer Feuerbestattung ist zu bedenken, dass sie nicht gegen das Emissionsschutzgesetz verstoßen darf. Die Erd- und Feuerbestattung sind gar nicht so weit voneinander entfernt, wie man glauben möchte, zumindest nicht in ihrem Ergebnis, denn in der Erde findet bei der Verwesung physikalisch derselbe Prozess statt wie im Krematorium, nämlich eine Verbrennung, allerdings über einen wesentlich längeren Zeitraum.

Im Münchner Krematorium am Ostfriedhof werden die Verstorbenen nach der Anlieferung zuerst einmal begutachtet. Der diensthabende Aufbahrer kontrolliert, ob der angelieferte Leichnam mit seinen Papieren übereinstimmt. Anschließend versiegelt er den Sarg. Von diesem Zeitpunkt an darf ihn niemand mehr öffnen. Nun wird er in den Kühlraum des Krematoriums gebracht, von wo er nach der Freigabebescheinigung durch die Polizei zur Einäscherung gelangt. Bayern ist das einzige Bundesland, in dem vor der Feuerbestattung keine zweite Leichenschau stattfindet. Der durch die Angehörigen beauftragte Bestatter fährt mit der Todesbescheinigung zu seiner zuständigen Polizeidienststelle, legt sie dort vor, und sie wird abgestempelt, ohne die Leiche erneut zu kontrollieren. In allen anderen Bundesländern untersucht in der Regel einmal wöchentlich ein Team der Rechtsmedizin die Leichen im Krematorium. Bei Verdachtsfällen wie einer Todesursache, die nicht mit dem Augenschein der Rechtsmediziner in Einklang gebracht werden kann, wird eine Obduktion angeordnet. Ist alles in Ordnung, wird die Freigabe zur Einäscherung erteilt. Hierzu wird eine Tonmarke, in die die Einäscherungsnummer graviert ist, auf den Sargdeckel gelegt. Im Münchner Krematorium gibt es fünf Einäscherungsöfen, in denen bei 800 bis 1000 Grad über einen Zeitraum von circa einer Stunde – bei sehr korpulenten Menschen kann es auch zwei Stunden dauern – die Einäscherung vollzogen wird. Ein Verbrennungsofen besteht aus zwei Etagen. Der Sarg wird in die obere eingefahren, wo sich eine mit Schamott ausgekleidete Kammer befindet. Links und rechts sind Rauchabzugsschächte installiert, die ständig Luft absaugen. Die glühenden Schamottsteine bringen den Sarg zum Brennen. Eine Etage tiefer, auf der Rückseite des Ofens, kann der Fortgang des Einäscherungsprozesses durch eine Klappe kontrolliert werden. Es ist übrigens ein Ammenmärchen, dass sich die Toten während der Verbrennung aufrichten. Ebenso falsch ist es, dass mehrere Verstorbene gleichzeitig eingeäschert werden. Es wird stets nur ein Leichnam in die Brennkammer eingefahren, und zwar immer im Sarg: Er dient als Brennmaterial. Sobald er auseinandergefallen ist, sieht man die ausgeglühten Knochen. Fachleute können die Einzelteile gut zuordnen. Die Verbrennung geschieht absolut geruchsfrei, da in allen Krematorien hochmoderne Filteranlagen verbaut sind.

Schließlich wird der Inhalt des oberen Brennfachs mit großen Eisenschiebern in eine darunter befindliche Nachbrennkammer verbracht, an deren Ende die ausgeglühten Knochen in eine Wanne fallen. In diese Wanne gelangen auch Metallgegenstände wie künstliche Hüftgelenke, Herzschrittmacher und so weiter – und die Tonmarke mit der Einäscherungsnummer, anhand derer die Knochen einwandfrei identifiziert werden können. Ein Elektromagnet entfernt die Metallteile. Die verbleibenden Knochen werden in einer Art überdimensionaler Kaffeemühle zu feinem Granulat zermahlen und gelangen so in die Urne, in deren Deckel bereits Namen, Geburts- und Todestag graviert wurden sowie die Verbrennungsnummer, die sich auch auf der Tonmarke befindet. Wenn die Urne gefüllt ist, wird die Tonmarke oben auf die Asche gelegt und die Urne maschinell so versiegelt, dass sie nicht mehr geöffnet werden kann.

Dies alles steht den Leichnamen bevor, die unser Institut zu einer Feuerbestattung verlassen. Unsere Betreuung endet meistens mit dem Ankleiden und Einsargen. Obwohl wir sehr routiniert sind, gibt es dennoch modische Herausforderungen für uns wie zum Beispiel traditionelle Gewänder. Einmal sollten wir eine verstorbene Asiatin in einem Sari einsargen. Der Bestatter, der uns beauftragt hatte, übergab uns eine Zeichnung, der wir entnehmen konnten, wie wir die fünf Meter Stoff um den Leichnam wickeln sollten. Mit der Hilfe von zwei Praktikantinnen gelang dieses komplizierte Vorhaben zur Zufriedenheit aller. Und als der zweite Sari geliefert wurde – diesmal sollten wir einen indischen Guru zur Ruhe betten –, fühlten wir uns schon ziemlich sicher. Die circa 30 Anhänger des Gurus – Inder und Deutsche – sangen während der Einbalsamierung im Verabschiedungsraum, Glöckchen ertönten und Gebete, und der Duft von Räucherstäbchen durchzog das Institut.

Wir haben auch schon Buddhisten traditionell eingekleidet: eine Chinesin, die wir in einer exakt festgelegten Reihenfolge rituell gewandeten, in Mantel und Hose aus Seide, mit Fäustlingen und Mütze, während die sanften Klänge kleiner Schellen ertönten, die von betenden Mönchen neben uns zeremoniell geschlagen wurden, und abermals der Geruch von Räucherstäbchen durch die Flure des Instituts für Pathologie zog.

Nach Möglichkeit versuchen wir in unserem Institut alle religiösen Riten zu berücksichtigen und umzusetzen. So bieten wir Muslimen den Sektionsraum im Untergeschoss an, um ihre rituellen Waschungen durchzuführen. Muslime werden für gewöhnlich in weiße Laken gehüllt, die am Kopfende und am Fußende eingedreht und mit Bändern verschnürt werden. Ich zeige dem Imam und den Angehörigen die Richtung nach Mekka und verlasse dann den Raum, den ich erst nach der Waschung wieder betrete.

Verstorbene jüdischen Glaubens werden ebenfalls in ein Leintuch gewickelt, allerdings ohne Gürtel und ohne jegliche Ausstattung. Sie werden in eine roh gezimmerte Holzkiste gelegt – ohne Sägespäne, nur die blanke, schlichte Kiste – und so von den Bestattern zum jüdischen Friedhof in München gebracht.

Gemeinsam sind wir stärker

Nur ein einziges Mal habe ich an einem atmenden Körper gearbeitet. Auf einer Fortbildungsveranstaltung lernte ich die Abformmasse Formalose kennen, mit der man – im Gegensatz zu Silikon – auch lebende Objekte problemlos abformen kann. In Holland wird Formalose auch bei schweren Verbrennungen zur Abformung von Negativen zur Hauttransplantation verwendet. Das gallertartige Mittel wird wie Pudding aufgekocht und abgekühlt auf die Haut aufgetragen. Formalose hat den Nachteil, dass jeweils nur ein Objekt abgegossen werden kann, der Vorteil liegt darin, dass es – nach seiner Aufbereitung im Fleischwolf – immer wieder verwendbar ist.

Ein damaliger Mitarbeiter der Medizintechnik unseres Hauses bat mich, diese weiche Masse, die er zufällig bei mir entdeckt hatte, bei einer älteren Patientin einzusetzen. Bis dato hatte man für die Abformung von Hautgebieten, die bestrahlt werden sollten, Gipsbinden verwendet, die jedoch nicht von allen Patienten gut vertragen werden. Die ältere Dame war am Hals operiert worden. Meine Aufgabe bestand darin, eine Negativform abzugießen für große Bleiklotzpositive, die nur das zu bestrahlende Feld offen lassen, das restliche Gewebe jedoch schützen würden. Ich packte meine Utensilien ein – eine elektrische Kochplatte, einen Topf, den Formaloseeimer, Gipsbinden, einen Kochlöffel und eine Schale – und machte mich auf den Weg zu der Patientin.

Nach der Begrüßung erklärte ich ihr die Vorgehensweise, dann begann ich damit »den Pudding zuzubereiten«. Interessiert beobachtete die Patientin mich und ermunterte mich, im Rühren nicht nachzulassen, weil ein Pudding mit Klümpchen nicht schmecken würde. Als die Formalose so weit abgekühlt war, dass ich sie auftragen konnte, testete ich die Temperatur an der Hand der Patientin. »Das ist angenehm«, sagte sie, und so trug ich die weiche Masse mit einem Pinsel auf ihren Oberkörper auf. Währenddessen sprach ich unentwegt mit ihr, denn ich würde auch den Hals behandeln, das entzündliche Areal, wo die OP-Narbe verlief, und wenn die Formalose polymerisierte, konnte das zu einem Beklemmungsgefühl führen. Es war eine ungewöhnliche Situation für mich, mit dem Körper, der vor mir lag, zu sprechen. Doch die alte Dame machte es mir leicht, und sobald die Oberfläche angehärtet war, legte ich eingeweichte Gipsbinden als Stützkorsett auf die Formalose. Nachdem diese ausgehärtet waren, hoben mein Kollege von der Medizintechnik und ich die Dame unter den Achseln an und halfen ihr beim Aufrichten des Oberkörpers, wobei ich gegen den Abguss drückte, damit er nicht unkontrolliert wegrutschte. Mit einem Holzspatel löste ich die Ränder vorsichtig von der Haut. Alles verlief problemlos, und am nächsten Tag erstellte mein Kollege einen Positivblock aus Blei, der für die Bestrahlung der Patientin verwendet wurde. Es freute mich sehr zu erfahren, dass der

Bleiblock so exakt gelang, dass er die Patientin nirgendwo unangenehm drückte – was bei Gipsbinden leider häufiger vorkommt.

Ich finde es sehr inspirierend, wenn sich Fachdisziplinen untereinander austauschen. Einmal nahm ich teil an einem Projekt zur Untersuchung des plötzlichen Kindstods; die Kinderklinik unseres Hauses arbeitete diesbezüglich mit dem Institut für Rechtsmedizin der Universität München zusammen. Beim plötzlichen Kindstod schlafen die Kinder ganz normal ein und liegen dann aus unerklärlichen Gründen tot im Bett – oder gar im Arm der Mutter. Um zu untersuchen, welche Rolle die Lungen hierbei spielen, bat mich der damalige Oberarzt der Kinderklinik, ihm bei der Untersuchung von Kinderlungen von an plötzlichem Kindstod Verstorbenen zu helfen.

»Sie verwenden bei Ihren Präparaten doch Epoxidharz?«

Ich nickte. »Vor allen Dingen bei den Plastinaten. Ich injiziere es zur Gefäßdarstellung.«

»Könnte man diese Kunststoffe vielleicht mit Kontrastmittel versetzen, um die Injektion auch unter dem Röntgenschirm sichtbar zu machen?«

»Das müsste klappen«, stimmte ich zu.

Am nächsten Tag brachte er mir ein Kontrastmittel, das ich mit dem Kunststoff mischte. In der Röntgenabteilung der Kinderklinik erhielt ich spezielle Handschuhe, damit ich den Strahlen nicht schutzlos ausgesetzt war, während ich die Flüssigkeit injizierte. Der Oberarzt saß mit dem Kinderröntgenologen am Bildschirm und beobachtete, wie der

Kunststoff in die Lungengefäße einlief. Uns interessierte, ob sich irgendwelche Anomalien an den Gefäßen zeigten, also Stellen, die der Kunststoff nicht passieren würde. Vier Lungen von am plötzlichen Kindstod verstorbenen Säuglingen und Kindern untersuchten wir im Rahmen dieser Zusammenarbeit, und im Anschluss stellte ich Korrosionspräparate her, die die Verästelungen der gefüllten Gefäße exakt aufzeigten. Zu welchen Ergebnissen die Untersuchung führte, weiß ich leider nicht. So ist es oft – und das tut mir manchmal leid, weil ich gern wissen möchte, wie etwas weitergegangen ist. Das ist das Los der Handwerker, die gerufen werden, wenn es brennt – und sobald alles funktioniert, vergisst man sie ... bis zum nächsten Alarm.

Einmal bat mich ein ehemaliger Oberarzt, für einen Kollegen der Universität München das Reizleitungssystem des Herzens herauszupräparieren, um es histologisch aufzuarbeiten. Das Reizleitungssystem ermöglicht es dem Herzen, unabhängig vom Gehirn seine Tätigkeit aufrechtzuerhalten. Der Schweizer Anatom Albrecht von Haller hat es auf den Punkt gebracht: »Das Herz trägt die Bedingungen seiner Tätigkeit in sich selbst.«

Der Oberarzt bat mich, auch die einzelnen Abschnitte wie Sinusknoten, AV-Knoten, den rechten und linken Tawara-Schenkel und das His'sche Bündel so in die Kapseln einzulegen, dass man beim Schneiden im Labor mit dem Mikrotom, dem Messer für hauchdünne Schnitte, exakt die Reizleitungsbahnen oder Reizleitungsknoten würde erkennen können. Einige Zeit danach erfuhr ich durch Zufall, dass mein Präparations-Know-how Teil einer Habilitationsarbeit geworden war. Was mich eigentlich gefreut hätte, hinterließ einen schalen Nachgeschmack, da sich derjenige, der von meiner Arbeit profitiert hatte, niemals bei mir meldete. Doch so ein Verhalten ist erfreulicherweise eher selten.

Es geht auch ganz anders: Eines Tages bekam ich einen Anruf aus dem Lebertransplantationszentrum der Universität Hamburg: »Würden Sie einem Mitarbeiter unseres Zentrums zeigen, wie man die Gefäße der menschlichen Leber injiziert und das Gewebe im Anschluss nach dem Verfahren des Leipziger Anatomen Werner Spalteholtz aufhellt?«

»Freilich«, sagte ich.

Mit diesem physiologischen Verfahren ist es möglich, Organe durchsichtig zu machen, und das ist wichtig, um den Verlauf der Gefäße in der Leber, die vier Lappen besitzt, darstellen zu können. Eine Spenderleber macht vier Empfänger glücklich, da die Leber – als einziges Organ – die großartige Fähigkeit hat, nachzuwachsen. Jeder der vier Leberlappen trägt somit das Potenzial zu einem eigenständig funktionierenden Organ in sich – allerdings muss die Trennung der Lappen exakt verlaufen, kein Gefäß darf verletzt werden. Da es diesbezüglich ganz typische Verläufe gibt, sollte ich diese nun darstellen, um die Ärzte beim Navigieren zu unterstützen: Wo ist es am besten, die Gefäße abzubinden, zu ligieren, und wie präpariert man bei möglichst wenig Beeinträchtigung des Gesamtsystems die vier Lappen auseinander. Der Chef des Hamburger Lebertransplantationszentrums schickte seinen Assistenten nach München, um die Technik bei mir zu lernen, und ich freute mich für die zukünftigen Patienten, die bestimmt in den besten Händen waren.

Meiner Meinung nach gibt es viel zu wenig Organspender in Deutschland. Übersetzt bedeutet das: Viel zu wenig Menschen, die bereit sind, anderen zu helfen. Wobei das nicht unbedingt am Nichtwollen liegt. Häufig fehlt schlichtweg die Bereitschaft, sich mit dem Thema auseinanderzusetzen. Natürlich trage ich einen Organspendeausweis in meiner Brieftasche, der mich als potenziellen Spender ausweist. Wir Menschen sollten nicht nur daran denken zu nehmen, sondern auch die Voraussetzung dafür erkennen – und geben. Leben ist ein Geben und Nehmen. Niemand braucht Angst zu haben, von einem gierigen Millionär ausgeplündert zu werden, der dringend ein neues Organ benötigt. Das chirurgische Entnahmeteam hat nichts zu tun mit dem Team, das – oft Tausende von Kilometern entfernt – das Organ in den Körper eines Empfängers einsetzt.

Welches Spenderorgan zu welchem Empfänger passt, wird zentral gesteuert vom Transplantationszentrum Eurotransplant in Leyden, Holland, wo sämtliche Daten von Spendern und Empfängern registriert sind und abgeglichen werden. Gerechterweise erhalten jene Länder, die ein hohes Spenderaufkommen haben, mitunter auch eine höhere Anzahl an Organen als solche Länder, bei denen das Spenderaufkommen gering ist. Ich finde das richtig: Wer viel gibt, soll auch viel bekommen. Seltsamerweise ist die überwiegende Prozentzahl der Deutschen bereit, ein Organ zu spenden, schafft aber den letzten Schritt nicht, einen Spenderausweis auszufüllen. Bei einem Krankenbesuch im Klinikum Großhadern fiel mir einmal ein schöner Spruch am Schwarzen Brett auf, der einem Engel in den Mund gelegt wurde und sinngemäß lautete: »Behaltet eure Organe dort unten, wir brauchen sie hier oben nicht.« Oh, wie wahr! Fleisch wird verbrannt oder vergraben, und es verrottet. Das Unsterbliche kommt in den Himmel – vielleicht. Die Organe aber sind nicht unsterblich. Allerdings entscheiden sie oft über Lebensfreude oder Qual – und die Dauer unserer Zeit auf Erden. Organe können bis ins hohe Alter gespendet werden, vorausgesetzt sie sind gesund. Sogar ein Toter kann anderen noch helfen. Die Hornhäute der Augen können bis zu 72 Stunden nach dem Ableben entnommen werden, wenn die Augen gut geschlossen waren. Und dann schenken sie erblindeten Menschen das Licht. Soll man sich da verweigern?

Nach einem Vortrag entbrannte einmal eine Diskussion für und wider die Transplantation. Ein jüngerer Mann empörte sich über dieses »Geschachere« und betonte vehement, dass er seine Organe niemals spenden würde. Jeder Mensch habe eine Grundausstattung erhalten, und wenn diese verschlissen sei, müsse man sich eben damit abfinden. Er jedenfalls würde niemals etwas von seinem Körper hergeben. »Diese Entscheidung steht Ihnen frei«, sagte ich zu ihm und fragte dann: »Stellen Sie sich vor, Sie sind mit dem Auto unterwegs und jemand nimmt Ihnen die Vorfahrt oder Sie sind selbst kurz unaufmerksam und steuern den Wagen gegen einen Baum. Die Windschutzscheibe zerspringt, und einige der Splitter bohren sich in Ihre Augen und zerschneiden Ihre Hornhäute. Tage danach wachen Sie in einem Krankenbett auf, es ist dunkel um Sie, und Sie tasten nach Ihren Augen, wo zwei dicke Mullbinden kleben.«

»So was passiert mir nicht«, sagte der Mann. »Ich hatte noch nie einen Autounfall.«

»Und dann setzt sich ein Arzt an Ihr Bett«, fuhr ich ruhig fort, »und bietet Ihnen zwei Hornhäute an von einem Spender. Es ist Ihre einzige Chance, jemals wieder zu sehen. Würden Sie diese zurückweisen?«

»Selbstverständlich nicht!«, knurrte der Mann unwillig.

»Aber mit welcher Berechtigung wollen Sie diese Hornhäute annehmen, wenn Sie selbst nicht bereit sind, etwas zu spenden?«, fragte ich ihn.

Er blieb mir die Antwort schuldig.

Das Attentat

Als ich 1977 auf den Beruf des Präparators umsattelte, gab es ein vorherrschendes Thema in den Medien, das schließlich in den sogenannten Deutschen Herbst mündete: die Anschläge der Rote-Armee-Fraktion, RAF. Niemals hätte ich mir träumen lassen, dass ich einmal mit dieser Gruppierung in Kontakt kommen würde, obschon nur am Rande und indirekt, nämlich zu einem Zeitpunkt, der typisch für mich war: Wenn alles vorbei ist, wenn nicht mehr geatmet wird, wenn der Leichnam vor mir auf dem Tisch liegt. Als ich im Juli 1986 im Radio von dem Bombenanschlag auf den damaligen Siemens-Manager Karl Heinz Beckurts in Straßlach bei München hörte, ahnte ich nicht, dass kurz darauf das Telefon bei mir klingeln und ein Bestatter mich um Hilfe bitten sollte.

»Bis heute Abend«, mag der Chauffeur von Karl Heinz Beckurts, Eckhard Groppler, morgens zu seiner Frau gesagt haben, vielleicht begleitete sie ihn zur Tür, vielleicht winkte sie ihm vom Fenster aus nach. Als lebendigem Menschen begegnete sie ihm nie wieder. Die Zehn-Kilogramm-Sprengbombe des Attentats traf Eckhard Groppler mit voller Wucht.

Die Ehefrau wollte seinen Leichnam noch einmal sehen. Sich vergewissern, dass es wirklich ihr Mann war, der da im Sarg lag. Und sich von ihm verabschieden.

»Und deswegen«, sagte der Bestatter am Telefon zu mir, »brauchen wir Ihre Hilfe. Eine Rekonstruktion wird sicher nicht einfach.«

Nach der Sektion im Institut für Rechtsmedizin wurde uns der Leichnam zur Herrichtung und plastischen Rekonstruktion überstellt. Während der Holm der schweren Limousine den Manager wenigstens teilweise geschützt hatte, hatte der Fahrer mitten in der Detonation gesessen. Und das sah man ihm an.

Mit feinem Leinenzwirn und filigranen Stichen nähte ich das erheblich verletzte Gesicht und stellte alles so weit wieder her. Die Witwe konnte sich von dem vertrauten Erscheinungsbild ihres Mannes verabschieden.

Nach unserem Einsatz verfolgte ich die weitere Berichterstattung, die Suche nach den Mördern, die meines Wissens bis heute ergebnislos verlaufen ist, nun auch mit persönlichem Interesse. Was mir zuvor bei ähnlichen Fällen schon manchmal aufgefallen war, wurde nun noch deutlicher: Von dem Chauffeur Eckhard Groppler war eher selten und bald schon gar nicht mehr die Rede, obwohl er denselben schrecklichen Tod starb wie sein Chef. Der Siemens-Manager Karl Heinz Beckurts aber ist vielen Menschen noch immer in Erinnerung.

Leichenmangel

Bereits im Jahr 1981 war ich in den Berufsverband Deutscher Präparatoren (VDP) eingetreten, wo ich seit 1982 das Amt des Landesgruppensprechers Bayern und von 1987 bis 1993 den stellvertretenden Vorsitz bundesweit innehatte. Zudem wurde ich zum Ressortleiter des Fachbereichs Medizin gewählt. Die Verbandstätigkeit beanspruchte sehr viel Zeit – worunter meine Ehefrau mehr litt als ich. Der Fachbereich Medizin hielt jährlich für seine Mitglieder und auch Nichtmitglieder in der gesamten Bundesrepublik und im deutschsprachigen Ausland Fortbildungsveranstaltungen ab, meist am Wochenende. Für 1990 war dieses Treffen im Institut für Rechtsmedizin der Freien Universität Berlin angesetzt. Niemand rechnete in der Planungsphase damit, dass erstmals unsere Kollegen aus der DDR teilnehmen würden, weil die Mauer zu diesem Zeitpunkt Geschichte sein würde. In meinen Verantwortungsbereich fielen auch unsere Fortbildungsveranstaltungen. Einige Professoren des Pathologenverbandes schlugen vor, diese Termine stets am selben Standort zu absolvieren. Das lehnte ich ab und führte aus, dass es sinnvoller sei, jedes Jahr einen anderen Tagungsort zu bestimmen, um zum einen den Leuten, die nicht in den Genuss kamen, hin und wieder zu einer anderen Institution zu reisen, leichteren Zugang zu ermöglichen. Zum anderen wollte ich die Kollegen in ganz Deutschland aus der Reserve locken. Alle sollten die Chance bekommen, ihr Institut vorzuführen. Wettbewerb spornt an. Im Rückblick kann ich feststellen, dass mein Plan geklappt hat.

Im Februar 1990 flog ich nach Berlin, um dort zusammen mit einigen Kollegen des Präparatorenverbandes die Herbsttagung zu organisieren. Endlich konnten wir Westler die berühmte Präparatesammlung von Rudolf Virchow besichtigen.

Die Kollegen im Osten hatten im Gegensatz zu uns, die wir häufig als Seiteneinsteiger zu unserem Beruf gekommen waren, allesamt eine fundierte Ausbildung zum Facharbeiter für Sektionstechnik oder zum Ingenieur für Sektionstechnik durchlaufen. Die Präparatorenschulen in Bochum und Berlin wurden leider stiefmütterlich behandelt, sind aber heute die einzigen in der Bundesrepublik.

Nach dem Mauerfall änderten sich die Regeln für die Körperspenden, und die anatomischen Präparierkurse im Osten litten an temporärem Leichenmangel. Durch meinen sehr guten Kontakt zum Anatomischen Institut in Fribourg in der Schweiz konnte ich den Kollegen im Anatomischen Institut der Berliner Charité und dem in Dresden unter die Arme greifen. Mein Kollege Ralf Keßler und ich hatten selbst schon Leichen aus der Schweiz für unser Institut zur Plastination zur Verfügung gestellt bekommen. Über ein Münchner Bestattungsunternehmen organisierte ich zwei Leichenwagen: einen großen, in den vier Körper passten, und einen kleinen, in dem zwei Körper Platz fanden. Bei der Rückfahrt reichte ich an der Grenzstation Lörrach einer

Grenzbeamtin alle erforderlichen Papiere. Sie musterte den Leichenwagen missvergnügt und drehte mir dann den Rücken zu. Offensichtlich wollte sie nichts mit der Sache zu tun haben. Ich jedoch wollte den Transport ordentlich über die Bühne bringen und gab mit einem Kopfnicken nach rückwärts, wo Ralf den größeren Leichenwagen steuerte, bekannt: »Der da hinten hat viere drin. Ich hab zwei dabei.«

Auch das wollte die Beamtin nicht wissen. Ihr Kollege zuckte mit den Schultern und winkte uns zu meinem Erstaunen einfach durch.

Ende der 1980er-Jahre fragte mich Walter Nusser von der Anatomie in Zürich, ob wir am Schwabinger Institut Interesse an zwei Skelettvitrinen hätten. »Wir würden die nämlich wegschmeißen. Du kannst doch immer alles brauchen.«

Ich nahm das Angebot sofort an und freute mich, als ich vor Ort in Zürich darüber hinaus einige Kopfpräparate angeboten bekam. »Wollt ihr die auch?«

»Wir nehmen alles.«

Walter, Ralf und ich luden die beiden Skelettvitrinen und zweieinhalb in Alkohol schwimmende menschliche Köpfe ein. Obwohl ich auch diesmal sämtliche Papiere mit mir führte, gab es am Grenzübergang Bregenz Probleme, da sich die Beamten bezüglich der Deklaration uneinig waren, bis meine Argumentation von einem Vorgesetzten am Zoll bestätigt wurde: Menschliches Material ist nicht zu verzollen.

Daran dachte ich, als wir im darauffolgenden Jahr wieder einmal zwei Leichen aus Fribourg holten. Diesmal fragte ein österreichischer Grenzbeamter nach unserer Fracht. Ich erklärte ihm, woher wir kamen und was wir dabeihatten, während ich ihm die Papiere reichte. Er wollte einen Blick auf die Ladung werfen. Ich öffnete die Heckklappe und bereitete ihn auf den Anblick vor. »Bei einem von denen liegt der Kopf daneben. Nur dass S' keinen Schreck kriegen. Mögen S' neischaun?« Ich streckte die Hand nach einem der Sargdeckel aus und machte Anstalten, ihn zu lupfen. »Schleicht's euch«, brummte er da und winkte uns mit seinem Arm Richtung Deutschland weiter.

Auf dem Rückflug von der Tagung 1990 in Berlin wurde im Flugzeug plötzlich die aus Filmen bekannte Frage laut: »Ist hier ein Arzt an Bord?« Kurz darauf wurde die Fernsehmoderatorin Dr. Antje-Katrin Kühnemann durch den Gang gelotst. Aus der Businessclass lief sie an mir vorbei in das Heck der Maschine, wo ein Passagier einen Schwächeanfall erlitten hatte. Die Sprechstunde war schnell beendet, und die Moderatorin kehrte zu ihrem Platz zurück. Da hatte ich eine Idee. Ich wartete noch eine Weile und bat dann eine Stewardess, Frau Dr. Kühnemann mit der Bitte um ein Gespräch meine Visitenkarte zu überreichen. Kurz darauf begleitete mich die Stewardess in die Businessclass, und ich erzählte der beliebten TV-Ärztin von den fantastischen Darstellungsmöglichkeiten, die plastinierte Präparate in ihrer Sendung eröffnen würden. Ich wusste, dass ich wenig Zeit hatte, und feuerte die Informationen über die Möglichkeiten, die diese Technik bieten konnte, nur so ab. Dabei kam es mir zugute, dass ich daran gewöhnt bin, im Gespräch mit Entscheidungsträgern schnell auf den Punkt zu kommen – was mir auch meinen Ruf als Schnellredner eingebracht hat. »Haben Sie schon mal ein plastiniertes Präparat in der Hand gehalten?«, fragte ich Frau Dr. Kühnemann. »Das wäre für Ihre Sendung ideal. So können Ihre akademischen Gäste den Zuschauern dreidimensional zeigen, woran man welche Erkrankungen erkennt, wie sie genau ausschauen. Das leistet keine Schautafel, keine Computeranimation.«

»Das klingt interessant«, nickte Frau Dr. Kühnemann. »Ich habe die verschiedensten Befunde plastiniert. Meiner Meinung nach könnten Sie ohne Weiteres auf einige Ihrer Modelle verzichten und stattdessen zu den Originalen greifen. Es gibt übrigens verschiedene Arten von Präparationsdarstellungen, da muss man sehen, welche von der Kamera am besten rübergebracht wird.«

Frau Dr. Kühnemann nickte nachdenklich.

»Und haben Sie schon mal daran gedacht, eine Ihrer Sendungen dem Thema Pathologie zu widmen?«, fragte ich. »Viele Leute wissen nicht, wie wichtig eine Sektion ist, um Krankheiten zu heilen. Bestimmt haben Ihre Zuschauer ...«

Eine Stewardess unterbrach mich. »Entschuldigen Sie bitte. Der Landeanflug hat begonnen. Würden Sie bitte auf Ihren Platz zurückkehren und sich anschnallen?«

Mit einem Händedruck verabschiedete ich mich von Frau Dr. Kühnemann. »Es hat mich gefreut, Sie kennenzulernen.«

»Mich auch«, erwiderte sie. Dann schenkte sie mir ihr unverwechselbares Lächeln: »Sie lieben Ihren Beruf.«

Einige Wochen darauf orderte der Bayerische Rundfunk drei Korrosionspräparate von Nieren für *Die Sprechstunde*.

Diese Präparate wurden im Trailer gezeigt und später im Studio als Hintergrundbilder verwendet. Nachdem ich selbst schon einige Male im Fernsehen aufgetreten war, freute es mich, dass nun auch »meine« Nieren ins rechte Licht gerückt wurden!

Meine Beförderung zum Doktor

Im Jahr 1983 drehte das ZDF für die legendäre Krimiserie *Der Alte*, damals noch mit Siegfried Lowitz in der Titelrolle, bei uns im Sektionssaal.

»Grüß Gott, Herr Doktor«, grüßte Siegfried Lowitz mich.

»Grüß Gott, Herr Lowitz«, erwiderte ich. »Vielen Dank, aber ich bin kein Doktor. Ich bin Präparator.«

»Jeder, der weiß gekleidet ist, ist bei mir ein Doktor«, entgegnete Siegfried Lowitz. Wenn es nach ihm gegangen wäre, hätten sich viele Doktoranden ihre Arbeit oder eine Fälschung derselben sparen können!

Das Filmteam baute seine Szene auf, als mich jemand fragte: »Sagen Sie mal, Sie sind doch vom Fach?«

»Das sieht man doch, der ist weiß angezogen«, kicherte eine junge Frau von der Requisite.

»Also, unsere Leiche, nicht wahr, die ist nämlich mit zwei Kugeln getötet worden, nicht wahr, und jetzt ist es aber so, dass erst die zweite Kugel tödlich war, verstehen Sie?«

»Freilich.«

»Wie kommunizieren wir das? Was sagt der Pathologe? Können Sie das mal kurz aufschreiben? Es soll fachlich klingen, nicht wahr, aber auch so, dass die Zuschauer durchblicken.«

Ich zog mich in mein Büro zurück, überlegte kurz, notierte etwas und gab meinen Text ab. Doch der Schauspieler, der für die Rolle des Rechtsmediziners vorgesehen war, kam damit nicht klar – beziehungsweise der Regisseur fand, dass es nicht professionell klang. Günter Gräwert wandte sich an mich. »Wie wär's? Übernehmen Sie das?«

»Er ist schließlich vom Fach«, kicherte die Requisiteurin, »das sieht man gleich an seiner Kleidung.«

»Gern«, nahm ich die Einladung an und sprach auf Kommando, sprich Klappe, in ein Diktiergerät, das mir jemand gereicht hatte: »Ein zweites Projektil durchschlug den Intercostalraum zwischen der vierten und fünften Rippe. Punkt. Das Projektil drang in den Pleuraraum ein, Komma, daraus folgt eine Ruptur des Aortenbogens. Punkt.«

Später bat man mich, den mit einem weißen Leintuch zugedeckten Dummy mit dem Bahrwagen durch den Sektionssaal zu rollen und dabei den »Alten« mit einem »Guten Abend« zu verabschieden.

Ich war nie bei einem Casting oder habe mich beim Film beworben, dennoch bin ich an mehreren Fernseh- und Kinofilmen beteiligt. Andere müssen sich sonst was einfallen lassen, um wichtige Leute kennenzulernen, damit sie irgendwo mitspielen dürfen, zu mir kommen die wichtigen Leute von selbst.

Mit der Zeit häuften sich die Rollen. Einige Male trat ich in der Serie *Siska* mit Peter Kremer auf, woraus auch Freundschaften mit Schauspielern entstanden. Im Jahr 1990 bekam ich sogar eine Filmrolle in dem von Doris Dörrie gedrehten Krimi *Happy Birthday, Türke!* Zwar nur kurz und klein, aber ich war dabei!

Eine größere Sprechrolle erhielt ich in einer Folge von *Aktenzeichen XY ungelöst*. Hierfür musste ich in sehr kurzer Zeit Text auswendig lernen, was zum Glück kein Problem für mich war. Es gab dann aber doch ein Problem, wenn auch mehr für den Regisseur als für mich: meinen Dialekt. Obwohl ich meiner Meinung nach Hochdeutsch sprach, befürchtete der Regisseur, man würde mich in Gesamtdeutschland nicht verstehen, zumal der Fall im Raum Hannover spielte. Ich stellte einen Rechtsmediziner dar. Um die Authentizität zu gewährleisten, beschloss der Regisseur kurzerhand, mich synchronisieren zu lassen, was bei der Ausstrahlung seltsame Gefühle in mir hervorrief. Ich sah mich, und ich sah auch aus wie immer, aber ich redete »wia a Preiß«! Als *Aktenzeichen XY ungelöst* erneut bei uns gedreht wurde, entschuldigte sich der Regisseur für die Synchronisation. Mittlerweile hatte ich mich jedoch schlaugemacht und ließ ihn vergnügt wissen: »Das wäre gar nicht nötig gewesen. Der Leiter der Rechtsmedizin in Hannover und sein Oberarzt stammen beide aus München. So viel zum Thema Authentizität.«

Hin und wieder führe ich auch Tatortberatungen durch. Einmal bat mich eine Produktionsleitung in eine Grünwalder Villa gegenüber dem Filmgelände Geiselgasteig. Es ist durchaus üblich, dass Eigentümer ihr Anwesen an eine Filmproduktion vermieten, am besten natürlich, wenn sie im Urlaub sind. Gerade bei den *Derrick*-Folgen konnte man sehr schöne Häuser besichtigen und feststellen, dass Geld allein nicht glücklich macht.

Diesmal war ich in Sachen *Polizeiruf 110* unterwegs, und man wollte von mir wissen, wie sich die Schauspielerin benehmen sollte, die eine Rechtsmedizinerin darstellte. Aber erst nach der Brotzeit.

»Herr Riepertinger, setzen Sie sich doch zu uns.« Das ließ ich mir nicht zweimal sagen und nahm Platz in einer riesigen Doppelgarage, wo sich die Filmcrew an Bierbänken und -tischen das feine Catering schmecken ließ. Gut gestärkt besichtigte ich den Tatort im Erdgeschoss, in dem es von Vogelspinnen nur so wimmelte. Terrarien spielten eine entscheidende Rolle in der Folge *Im Netz der Spinne*. Ich beriet die Schauspielerin, wo sie ihren Koffer platzieren sollte, welche Instrumente sie benötigen würde, wie sie die Leiche untersuchen sollte. Das Geräusch von splitterndem Glas unterbrach mich. Erschrocken drehte ich mich um und stellte verblüfft fest, dass der Regisseur Erwin Keusch das Fenster eingeschlagen hatte! Sind die verrückt, dachte ich. Wissen das die Hauseigentümer?

Ein Kameramann las in meinem Gesicht und erklärte: »Keine Sorge! Das war nicht die Originalterrassentür. Die haben wir schon in Sicherheit gebracht und bauen sie später wieder ein. Wir brauchen Einbruchsspuren, also Scherben am Tatort. Und das Einschlagen, das hat sich der Erwin nicht nehmen lassen. Der steht da drauf!«

Kürzlich beriet ich das Münchner *Tatort*-Team in einer Schwabinger Glaserei. Günther Maria Halmer spielte einen Alzheimerkranken in *Gestern war kein Tag*, und ich wurde gebeten, für die Schlüssigkeit der Auffindungssituation des Mordopfers zu sorgen.

Als ich meinen Wagen am Set parkte, lief mir als Erstes Miro Nemec über den Weg. »He, was machst du denn hier?«, wollte er wissen, denn normalerweise spiele ich beim *Tatort* nur im Sektionssaal eine Rolle. »Da siehst du mal! Ich werde überall gebraucht!« Ich begrüßte auch Udo Wachtveitl, der sich auf einem Stuhl sitzend die Sonne ins Gesicht scheinen ließ und ... wartete. Drehen ist warten, wie ich längst weiß. Dann endlich wurde ich gebraucht, beriet die Zuständigen über Lage und Aussehen der Leiche und wechselte noch ein paar Worte mit Günther Maria Halmer, den ich zum ersten Mal in natura sah und der mir unvergessen ist als Tscharli aus den berühmten *Münchner G'schichten* an der Seite von Therese Giehse.

Es ist mir eine Ehre, dass ich eine Reihe von bedeutenden Schauspielern kennenlernen durfte und mit dem einen oder anderen auch einen kleinen Ratsch hielt. Ein ganz besonderer Moment war es für mich, als mir eines Morgens vor einem Dreh Götz George auf der Treppe vor dem Institut begegnete.

»Guten Morgen, Herr George«, grüßte ich ihn, merkte aber gleich, dass er völlig versunken in seine Rolle war. Nur kurz blickte er auf, nickte mir zu, doch an seinem Blick war abzulesen, dass er nicht gestört werden wollte, und hochkonzentriert lief er an mir vorbei. Fasziniert schaute ich ihm nach und freute mich, dass ich diesem großen Schauspieler einen Guten Morgen gewünscht hatte.

Sogar Udo Kier, in Hollywood ein bekannter Schauspieler, der auch in den Filmen *Armageddon* oder *Shadow of the*

Vampire mitgespielt hatte, war bei uns im Sektionssaal für eine Folge von *Polizeiruf 110* zu Besuch und drückte mir die Hand. Da bat ich ihn um ein Foto, er legte ohne jegliche Starallüren den Arm um meine Schulter, und wir grinsten um die Wette. Danach war Michaela May an der Reihe.

Eines Tages fand eine Motivbesichtigung für eine Folge von *Der Alte* im Institut statt. Als ich erfuhr, wer die Regie übernommen hatte, konnte ich es kaum glauben. Alfred Vohrer! Der Regisseur der Karl-May- und Edgar-Wallace-Filme, an denen ich mich als Jugendlicher nicht hatte sattsehen können! *Winnetou! Old Surehand! Der Hexer!* Ich saß im Aufenthaltsraum, als es klopfte und ein großer Mann vor der Tür stand, der mir seine linke Hand zur Begrüßung reichte, da ihm der rechte Arm fehlte.

Alfred Vohrer ließ sich den Sektionssaal zeigen, und in meinem Kopf fuhren die Fragen Karussell, die ich ihm in den nächsten Tagen stellen wollte. Wie war die Arbeit mit Pierre Brice und Steward Granger? Gestaltete sich die Kommunikation mit Klaus Kinski tatsächlich so schwierig, wie man manchmal hörte? Und wurde an Originalschauplätzen gedreht? Im *Buckligen von Soho* gab es einen Sektionssaal. Früher war er mir vorgekommen wie die Waschküche meiner Mutter. War der echt oder im Studio nachgebaut worden?

Keine einzige dieser Fragen konnte ich dem großen Regisseur stellen, denn in dieser Nacht im Februar 1986 verstarb er in seinem Hotelzimmer in München an einem akuten Herzinfarkt.

Der Tod – mein ständiger Begleiter

Die Aufregung war groß bei der Internationalen Präparatorentagung 1987 in Hamburg. Am frühen Morgen war dort ein Professor des dortigen Geomatikums vom Dach des Gebäudes aus circa 60 Metern Höhe in den Tod gesprungen. An den Scheiben im Erdgeschoss, wo sich das Tagungsbüro befand, klebten noch Reste von Blut und Gehirn. Im Gegensatz zu den Fachdisziplinen Geologie und Biologie hielt sich der Schock bei uns Medizinern in Grenzen. Doch der Professor erwies sich als hartnäckig. Am Nachmittag, bei einer Besichtigung des Instituts für Rechtsmedizin, entdeckten wir seinen Leichnam auf einem der Tische. Einer der Kollegen warf die Frage auf, ob der Spruch *Man sieht sich im Leben immer zweimal* auch für Tote gelte – und beim Abendessen wurden allerlei Anekdoten erzählt. Auch mir fiel eine Merkwürdigkeit ein, an die ich schon lange nicht mehr gedacht hatte:

Bevor ich 1979 mit meiner damaligen Freundin nach Norwegen in den Urlaub fuhr, besorgte ich bei einem Reifenhändler im Euroindustriepark einen Satz neuer Reifen. Gern nahm ich das Angebot des Mechanikers an, die Reifen zu montieren. Der nette Mann in meinem Alter war selbst schon einmal in Norwegen gewesen und gab mir einige Tipps. Wir verabschiedeten uns gut gelaunt voneinander.

Als ich nach dem Urlaub morgens den Sektionssaal betrat, lag auf dem Vierertisch eine Leiche, die mir bekannt vorkam.

»Ich glaub, den kenn ich«, sagte ich zu einem Kollegen. »Aber ich weiß nicht, wo ich ihn hintun soll.«

»Wird dir schon noch einfallen. Oder du täuschst dich.«

»Nein, den kenn ich«, beharrte ich. Doch ich kam nicht darauf, woher, und so fragte ich den zuständigen Obduzenten nach dem Namen des Mannes, was mir allerdings nicht weiterhalf.

Erst als der Obduzent den Beruf des Mannes nannte, fiel es mir wie Schuppen von den Augen.

Zwei Jahre später kaufte ich mir beim »Taxi-Meier« meinen ersten Neuwagen, einen Opel Ascona. Ich hatte noch keine 1000 Kilometer auf dem Tacho, da erwartete mich der Leichnam vom »Taxi-Meier« auf dem Zweiertisch.

Zufall? Natürlich! Doch mich ließ das nicht mehr los. Lag es an mir? Brachte ich den Tod zu den Leuten? Oder sollte ich mich lediglich vom Kfz-Gewerbe fernhalten?

Zum Glück verschwand diese Verunsicherung schnell wieder, als ich meinem Freund Uwe davon erzählte, der mich voll und ganz beruhigte. »Wenn das stimmen würde, wär der Friedhof in Germering hundertmal so groß.« Und dann klingelte das Telefon, und wir wurden zu einer Bergung gerufen, und ich hatte keine Zeit mehr, mich mit solchen Schauergeschichten zu beschäftigen, denn die Wirklichkeit bot genug Schreckliches: Auf der Staatsstraße zwischen Gilching und Oberpfaffenhofen waren zwei Autos frontal zusammengestoßen.

Ein mit fünf Iren besetzter hellblauer Dodge hatte in einer Kurve überholt und konnte dem ihm entgegenkommenden grünen Ford Capri, am Steuer ein Mann mittleren Alters, neben ihm seine Ehefrau, nicht mehr ausweichen. Die Eheleute waren auf der Stelle tot, die Insassen des Dodge wurden schwer verletzt. Als Uwe und ich am Unfallort eintrafen, waren die Verletzten durch die Rettungsdienste bereits geborgen und in Krankenhäuser abtransportiert worden. Wir warteten auf die Anweisungen der Polizei und erfuhren schließlich, dass die Eheleute in ihrem Ford Capri eingeklemmt waren. Die Feuerwehr konnte sie nicht bergen. So kam der hydraulische Spreizer zum Einsatz, der seinerzeit noch nicht so ausgereift war wie die heutigen Gerätschaften. Dennoch gelang es nach einiger Zeit, die Fahrerseite aufzuspreizen. Dann stellte sich allerdings heraus, dass der rechte Fuß des Mannes unter dem Gaspedal eingeklemmt war. Es war unmöglich, den Leichnam herauszuziehen, obwohl die Feuerwehrleute alles versuchten; sie drehten und schoben, hoben und ruckelten – der Tote saß fest. Sein Gesicht war blutüberströmt wie das seiner Frau, später würden wir feststellen, dass die Knochen beider Körper vielfach gebrochen waren.

Uwe sprach mit den Feuerwehrleuten und wandte sich dann an mich. »Würdest du in das Auto neiklettern und den Fuß frei machen? I tät's ja selber, aber bei meiner Figur würd ich hängen bleibn.«

»Klar«, nickte ich, und tatsächlich gelang es mir auf Anhieb, durch das Beifahrerfenster über die tote Ehefrau zu krabbeln und den Fuß des Mannes zu befreien. Beide Leichen waren noch nicht kalt. Wir legten sie in zwei Bergungssärge, um sie ins Leichenhaus nach Oberpfaffenhofen zu fahren. Die Anzahl der Schaulustigen war mittlerweile unangenehm gestiegen. Als Uwe relativ nah an unseren Särgen einen Gaffer entdeckte, der sich eine Zigarette anzündete – und das, obwohl an der Unfallstelle Benzin ausgelaufen war –, wies er ihn mit seiner dunklen Stimme laut zurecht. An diese Katastrophentouristen würden wir uns nie gewöhnen.

Raum für Abschied

Als meine Oma in der damaligen DDR starb, wurde sie vom Tod nicht überrascht. Sie hatte ihn näher rücken gespürt und darum gebeten, ihre Verwandten mit einem Telegramm zu benachrichtigen. In alten Büchern liest man oft von Menschen, die sich eines Tages ins Bett legen und verkünden: »Jetzt geht es zu Ende.«

Können wir modernen Menschen die Boten des Todes nicht mehr hören, weil die Medikamente, die wir vielleicht bekommen, uns taub machen für seine Schritte? Oder liegt es daran, dass wir ihn zu einem Tabu erklärt haben? Wir sind ihn nicht mehr gewöhnt. Es wird nicht mehr zu Hause gestorben, sondern im Krankenhaus, obwohl die meisten Menschen genau das nicht möchten.

In unserem mitteleuropäischen Alltag werden wir nur selten mit dem Tod konfrontiert. Ein Mitteleuropäer verliert beispielsweise nur noch alle 15 Jahre einen nahen Angehörigen. Früher – und in vielen Teilen der Welt auch heute noch – war der Tod allgegenwärtig, und es starben hauptsächlich jüngere Menschen: Säuglinge, Kinder, Jugendliche, Mütter, Soldaten. Sie starben durch Hunger, Krankheit, Seuchen und Kriege und mangelnde medizinische Versorgung sowie katastrophale hygienische Bedingungen.

Früher dominierte ein schneller Tod, häufig durch Infektionen. Heute wird oft langsam und lang gestorben. Das gilt besonders für ältere Menschen mit fortgeschrittenen Krebserkrankungen oder anderen chronischen Leiden. Früher war der Tod ein vertrauter Zeitgenosse. Familie, Freunde, Nachbarn verbrachten die letzten Stunden am Bett des sterbenden Menschen. Es wurde gemeinsam gebetet und Abschied genommen. Gemeinsam wurde der Verstorbene gewaschen und angekleidet, hergerichtet für die Aufbahrung. Und wieder saßen die Verwandten und Freunde bei ihm und hielten die Totenwache. Die konnte mehrere Tage dauern, und bei einer Beerdigung wurde der Sarg offen durchs Dorf getragen oder gefahren.

Heute sind die Särge von den Straßen verbannt, und einige Bestattungsunternehmen verzichten auf alles, was ihre Dienstautos als Bestattungsfahrzeuge entlarven könnte. Wenn dann doch ein Leichenwagen auftaucht, womöglich noch recht häufig, kann es Probleme geben. So hatte ein Münchner Hospiz Streit mit seinen Nachbarn: Sie beschwerten sich über die Leichenwagen, die auf der Straße parkten. Das sei unerhört. Warum man die Leichen nicht nachts wegschaffe, wenn niemand es sehen müsse? Es sei schädlich für die Kinder, die in ihrer Entwicklung gestört würden, wenn sie permanent mit Leichenwagen konfrontiert seien.

In den Industriestaaten leben die Menschen heute beträchtlich länger als in Entwicklungsländern. Der Anstieg der Lebenserwartung bringt auch eine Verschiebung des Sterbens in höhere Altersgruppen mit sich. Seit 1900 ist die Lebenserwartung in Deutschland um über 30 Jahre gestiegen. In den Industriestaaten sterben heute vor allem alte Menschen. Die Sterbenden und Toten werden aus dem Alltagsleben entfernt und professionellen Kräften »zur Bearbeitung« übergeben. Das führt zu einer vermehrten Unsicherheit im Umgang mit Sterben und Tod. Wir können nicht üben, wie das geht, mit dem Sterben und dem Tod. Denn den Tod, den wir vor Augen haben – jeden Tag hundertfach oder tausendfach, je nachdem, wie lange wir vor dem Bildschirm sitzen, der ist virtuell, nicht aus Fleisch und Blut. Kühl im Kasten. Echte Tote, vielleicht die Eltern oder Großeltern, die wie schlafend im Bett liegen, haben die wenigsten Menschen gesehen, aber dafür Tausende von Toten im Fernsehen.

Bedingt durch die industriellen Revolutionen mit tief greifenden Veränderungen in Wissenschaft, Technik und Kultur haben sich die Familienformen und deren sozialer Auftrag stark verändert. Nicht zuletzt durch die Berufstätigkeit der Frauen ist die Familie nicht mehr der Ort, wo Sterben ganz normal geschieht. Auch Geburten erfolgen in der Regel nicht mehr zu Hause. Die Geburt und der Tod daheim sind eine Seltenheit geworden. Umso wichtiger ist es, dass wir für diejenigen Menschen, die sich von ihren lieben Verstorbenen verabschieden möchten, geeignete Räumlichkeiten zur Verfügung stellen.

Mitte der 1990er-Jahre begannen einige der größeren Bestattungsunternehmen damit, Aufbahrungsräume einzurichten, die ein individuelles Abschiednehmen vom Verstorbenen ermöglichen. Eines Tages wurde ich vom Chef eines Münchner Unternehmens angesprochen, ob eventuell bei uns im Institut geeignete Räumlichkeiten vorhanden seien. Wir hatten zwar einen solchen Raum, allerdings wurde er selten benutzt, und das wunderte mich nicht, denn er lud keinesfalls zum Abschiednehmen ein: ein hoher kahler Raum mit beigen PVC-Bodenplatten, an einer Wandseite in Höhe von circa zwei Metern eine Fensterscheibe, hinter der die Verstorbenen aufgebahrt wurden, blaugraue Vorhänge, Plastikpflanzen. Zwei mickrige Funzeln und eine Neonleuchte konnten das Arrangement kaum in ein besseres Licht rücken. Wenn wir hin und wieder gefragt wurden: »Kann ich direkt zu meinem Angehörigen hinein?«, mussten wir jedes Mal verneinen, weil alle Leichname in diesem Raum hinter dem Vorhang auf die Abholung durch ihre jeweiligen Bestatter warteten. Dieser Umstand störte mich schon lange, und die Anfrage des Bestatters brachte mich auf die Idee, der Klinikdirektion einen Komplettumbau der Räumlichkeiten vorzuschlagen. Durch die Einnahmen aus der späteren Vermietung an die Bestatter würde sich die Modernisierung bestimmt schnell amortisieren. Die Nachfrage stieg ja von Jahr zu Jahr, denn immer mehr Menschen wollten sich von ihren lieben Verstorbenen verabschieden, was wir deutlich an den hygienischen Totenversorgungen merkten. Diese umfassen Waschen, Reinigen, Rasieren, Kämmen, Schminken und Ankleiden der Verstorbenen. Ich wünschte mir Räumlichkeiten, in denen sich die Angehörigen wohlfühlten, in denen sie in Frieden den letzten Abschied ohne trennende Glasscheibe vollziehen konnten.

Und tatsächlich, dieser Wunsch wurde wahr! Neben dem finanziellen Engagement der Klinikdirektion sorgten dafür auch Spenden aus den Kreisen der Krankenhausseelsorge

und von Bestattern. Es wurde ein Raum gestaltet, der eingerichtet mit Teppichen, Couch, Sesseln und Tisch eine be-
hagliche Atmosphäre ausstrahlt. Ein gebürsteter Edelstahl-
kronleuchter, echte Topfpflanzen sowie Blumengestecke
aus Seide runden mit Symbolen der verschiedenen Weltre-
ligionen das Ambiente ab. Vorhänge und Gardinen sind ge-
schmackvoll ausgewählt, und auf Wunsch ist auch das Ab-
spielen von CDs möglich. Durch einen separaten Eingang
und eigene sanitäre Anlagen ist selbst die Vermietung der
Räumlichkeiten für Totenwachen rund um die Uhr möglich. Bei Aufbahrungen von Verstorbenen des Klinikums
werden sie auf dem Bahrwagen mit einem Kopfkeil etwas
höher gelagert und schön abgedeckt. Für externe Aufbahrung im offenen Sarg haben wir zur Gestaltung verschie-
denfarbige Seidenstoffe zum Verhüllen des Sargwagens vor-
rätig. Für Kinderaufbahrungen habe ich mir von meinem
Freund Peter, einem Schreinermeister, der leider viel zu
früh starb, große Bauklötze aus Holz anfertigen lassen, deren Maße ich vom Marmorgrabstein eines Kindergrabes in
Unterpfaffenhofen genommen habe. Diese Klötze werden
bei Kinderaufbahrungen aufgebaut, dazu Engelsfiguren und
Stofftiere. Babys legen wir in ein sogenanntes Moseskörb-
chen.

Die Künstlerin Madeleine Dietz schreibt im Begleitbuch zu
ihrer Ausstellung *Side by side*: »Mit der sich schleichend
vollzogenen Ausgrenzung des Todes aus unserem Alltag hat
sich unser Leben verändert. Wir ersparen uns den punktu-
ellen Schmerz der Konfrontation mit dem Tod, erkauft
durch ein subtiles Netz an Verdrängungsmechanismen. Erst

der Tod nahester Angehöriger oder schwere Krankheiten führen uns schlagartig und unvorbereitet den Tod vor Augen. Hinzu kommt, dass das Ausgrenzen des Todes ein Ausblenden des Lebenshorizonts in seiner Weite zur Folge hat. Wer sich aber nicht traut, an die Grenzen zu gehen, verliert die Fähigkeit, Leben in seiner ganzen Größe zu erleben. Der Erlebensradius begrenzt sich. Erst wer sich der radikalen Grenze des Todes gewahr ist, ist in der Lage, die Prioritäten des Lebens sinnvoll zu setzen. Deshalb erscheint es folgerichtig, den Tod wieder stärker in unseren Alltag zu integrieren: An den Orten, an denen heute gestorben wird, muss Trauer möglich sein. In Krankenhäusern und Altenheimen sollten durchgängig Abschiedsräume zur Trauer für die Angehörigen zur Verfügung stehen.«

Der Tod auf Schienen:
Leichen in Stücken

Als eines Tages wieder einmal ein Bestatter anrief, der uns bat, eine Bahnleiche zu versorgen –»Da sind mehr Einzelteile als wie ein ganzes Stück«–, schwante mir das Schlimmste. Diese Leichen kommen stets in Bergungssäcken im Institut an. Die Überbleibsel solcher Verstorbener sind manchmal in einem so zerfetzten Zustand, dass wir die Einzelteile erst auslegen müssen, um abzuschätzen, ob unsere Wiederherrichtungsmaßnahmen erfolgreich sein können. Sollte dies nicht der Fall sein, lehne ich solche Aufträge ab. Ich muss allerdings gestehen, dass dies äußerst selten vorkommt. Sogar wenn Kopf, Extremitäten, ja selbst ein Torso und sämtliche Innereien zerstückelt ankommen, können diese immer noch zusammengefügt werden – mit handwerklichem Können und Kreativität. Da »transplantieren« wir schon einmal einen Arm oder ein Bein aus Zellstoff, wenn sich die Teile nicht mehr auffinden lassen. Schlimmer ist es, wenn Körperteile tatsächlich unauffindbar sind, weil der Suizidant oder das Unfallopfer kilometerweit mitgeschleift wurde. Ich mache keine falschen Versprechungen, doch es ist mir ein großes Anliegen, den Angehörigen den Abschied von einem kompletten Leichnam zu ermöglichen, auch wenn diese

Komplettheit keinem zweiten Blick standhalten könnte. Das muss er aber auch nicht, die Angehörigen sind fast immer zufrieden damit, die Umrisse des Körpers bedeckt erkennen zu können. Zu sehen, ob die Beine noch vorhanden sind ... und an der richtigen Stelle. Ich habe die Erfahrung gemacht, dass sogar ein solch oberflächlicher Eindruck unter einer Decke bei schwerstzerstückelten Leichen die Trauerarbeit erleichtern und die Hinterbliebenen beruhigen kann. In manchen Fällen ist es allerdings nicht mehr möglich, das Gesicht so zu rekonstruieren, dass die Angehörigen Abschied nehmen könnten, ohne einen Schock zu erleiden. In solchen Fällen zögern wir nicht, das gesamte Gesicht mit Mull und Pflaster abzukleben und den Angehörigen lediglich die Kopfform mit den gewaschenen und geföhnten Haaren zu präsentieren. Das ist für viele bereits Trost genug; die Haare genügen, um ihren lieben Verstorbenen zu erkennen und somit einen ersten, wichtigen Schritt auf dem langen Weg des Abschieds zu bewältigen.

An einem wunderschönen Frühlingstag – viele Suizide geschehen bei herrlichstem Wetter, wenn das Außen so gar nicht zur Innenwelt eines depressiven Menschen passt, der sich häufig bei grauem Regenwetter wohler fühlt – brachte uns der Bestatter die Bahnleiche. Der Gesichtsschädel war noch gut erhalten. Die massivste Zerstörung zeigte sich im völlig enthirnten Hinterhauptbereich. Der Kopf war vom Rumpf getrennt und lag separat in einer blutverschmierten Plastiktüte, beide Beine und ein Arm waren von den Zugrädern abgetrennt worden, als ein ICE mit 120 Stundenkilometern auf dem Schienenbett angerast kam. Später erfuhr ich, dass keiner der Angehörigen sich den Suizid erklären konnte. Der Mann war wie jeden Morgen mit seinem Hund spazieren gegangen. Er war berufstätig, verheiratet, und niemand in seinem Umfeld wusste von irgendwelchen Sorgen oder Nöten. Der Mann leinte seinen Hund an einem Baum in der Nähe der Gleise an, stieg die Böschung hinauf und stellte sich mit weit ausgebreiteten Armen mitten auf die Schienen. Anwohner hörten als Erstes den Hund jaulen. Dann das schrille Quietschen der Vollbremsung des Zugführers.

In solchen Fällen bin ich immer froh, nur derjenige zu sein, der den Verstorbenen herrichtet – und nicht etwa ein Lokführer.

Unter welch immensen seelischen Belastungen diese Berufsgruppe leiden kann, habe ich von meinem 2009 viel zu früh verstorbenen Schwager erfahren müssen, der in den 1970er-Jahren in München als S-Bahn-Fahrer tätig war. Nach dem vierten Suizid quittierte er seinen Dienst, denn diesmal hatte er dem Selbstmörder direkt in die Augen gesehen: Mein Schwager fuhr in die Station Hauptbahnhof ein, da stand unmittelbar hinter dem Tunnel ein junger Mann am Bahnsteig. Mit weit aufgerissenen Augen starrte er meinem Schwager ins Gesicht – bevor er sich fallen ließ. Auf das Gleisbett. Das sein Totenbett wurde und meinen Schwager mitriss, der diesen vierten Suizid nicht mehr wegstecken konnte wie die drei Selbstmörder zuvor, die er wenigstens nicht lebendig gesehen hatte, nur als blutige Fleischklumpen. Ich habe also in der eigenen Familie miterlebt, was Menschen erleiden, die in einen Suizid hineingezogen werden.

Aber daran denkt natürlich keiner, dem alles egal ist.

Bei der Herrichtung von Bahnleichen kam mir mein früherer Beruf als Werkzeugmacher zugute. Als Erstes holte ich mir aus der gut sortierten mechanischen Werkstatt, die wir Präparatoren uns eingerichtet haben, eine Gewindestange mit einer Rohrschelle, die ich im Schädelbasisbereich verankerte, damit ich den Kopf stabil am Rumpf befestigen, den Hals mit Zellstoff ausfüllen und die Hautlappen wieder rundherum am Rumpf vernähen konnte. Die Beine waren weniger aufwendig zu rekonstruieren, da sie glatt abgetrennt und nicht, wie oft nach Schienenunfällen, in Fetzen oder zerstückelt waren. Trotzdem kostete es eine Menge Zeit, sie wieder zu befestigen. Beine müssen ja auch an der Hinterseite fest sein, und das Drehen eines Leichnams ist zeitraubend und anstrengend. So dauerte die Behandlung fast vier Stunden, die sich allerdings lohnten: Der Bestatter konnte den Angehörigen einen Leichnam präsentieren, der außer Schleifspuren am linken unteren Ohr keine sichtbaren Verletzungen aufwies.

Der Fall der aus Indien stammenden Stewardess gestaltete sich schwieriger. Hierbei handelte es sich mit an Sicherheit grenzender Wahrscheinlichkeit um einen Unfall. Die junge Inderin, die schon einige Male in München zwischengelandet war, besuchte während eines 30-stündigen Aufenthalts eine Freundin, die in Eichenau bei München lebte. Diese Freundin fuhr sie mit dem Auto bis zum Bahnhof, stieg jedoch wegen des starken Regens nicht mit aus, sodass die Inderin versehentlich die Treppen zum falschen Bahnsteig nahm, wo sie stadtauswärts anstatt stadteinwärts zu ihrem Hotel am Münchner Flughafen zugestiegen wäre. Als sie diesen Irrtum bemerkte, beging sie einen furchtbaren Fehler. Sie wählte den Weg über die Gleise anstatt durch die Unterführung. Der Güterzug überrollte sie nicht nur, er zerstückelte sie förmlich, trennte den Kopf vom Rumpf und zerhackte die Wirbelsäule in Höhe der Brust; schleifte sie dann noch mit, dabei wurden die Füße abgetrennt sowie der linke Arm – und sehr viel Muskelgewebe verschwand unterwegs auf der Strecke. Was die Bestatter eingesammelt hatten, fanden wir im Plastiksack und legten es aus, sodass sich, wie immer in diesen Fällen, ein bizarres Bild bot. Auf dem Sektionstisch puzzelten wir die Körperteile erst einmal zusammen: den Kopf, das Oberteil des Rumpfes bis zum Zwerchfell, das Unterteil, die Beine – an einem fehlte der Unterschenkel –; die Füße kamen einzeln und in einem extrem malträtierten Zustand an, und wie ein Plastikhandschuh lag die wächserne Hand der Frau mit den gepflegten Fingernägeln auf dem Sektionstisch. Eigentlich waren diese rot lackierten Nägel das Einzige, was noch intakt war an dem Leichnam. Sie muteten seltsam an in dem Fleisch- und Gewebehaufen. Hier gab es viel zu tun für Ralph und mich. Unser Auftrag bestand darin, eine plastische Rekonstruktion der Verstorbenen vorzunehmen und sie darüber hinaus einzubalsamieren, damit sie nach Indien überführt werden konnte.

Für lange Flüge ist eine Einbalsamierung zwingend vorgeschrieben, damit der Leichnam unterwegs nicht in Fäulnis übergeht und im Frachtraum Probleme entstehen. Diesbezüglich arbeiteten wir mit zwei Damen von der Fluggesellschaft zusammen, die speziell für solche Angelegenheiten zuständig waren.

Die Rekonstruktion nahm einige Stunden in Anspruch, da es sehr viel zu nähen gab. Was die Zermalmungen im Bereich der Füße anbelangte, konnten wir uns nur noch mit Mull behelfen, den wir großzügig wickelten, da eine anatomische Rekonstruktion nicht mehr möglich war. Den linken Arm formte ich mit Zellstoff nach und nähte an sein dünneres Ende die Hand mit den rot lackierten Fingernägeln an.

Zu diesem Zeitpunkt wusste ich noch nicht, welch große Rolle die Extremitäten bei der Beerdigung eines Hindu spielen. Da das Gesicht der jungen Inderin sehr in Mitleidenschaft gezogen war, mussten wir ein klein wenig tricksen und beim Einsargen den Kopf auf die Seite betten. Das fiel allerdings kaum auf, es sah eigentlich schön aus dank der langen, dichten schwarzen Haare, mit denen wir die erheblichen Kopfverletzungen gut kaschieren konnten.

Bruder und Vater der jungen Frau, die aus Indien angereist waren, um ihre Angehörige nach Hause zu begleiten, wollten mit eigenen Augen sehen, dass die Extremitäten vorhanden waren. Letztlich zog es der Vater vor, draußen zu warten, während ich den Bruder zum Sarg seiner Schwester führte, wo ich mein Bedauern äußerte, dass uns ein Fuß und ein Arm fehlten, und erklärte, dass ich vom Bein lediglich einen Reststumpf hatte konstruieren können, da der Fuß vom Zug mitgeschleift worden war. Der Umriss des Arms aus Zellstoff, der im Ärmel steckte, erleichterte den Bruder sichtlich, und auch das Gesicht seiner Schwester erkannte er sofort wieder. Wie so oft bei Menschen aus fernen Kulturen konnte ich ein anderes Verhältnis zum Tod wahrnehmen, als es in unseren Breiten üblich ist. Entspannter? Gelassener? Nicht dass die Trauer kleiner wäre, doch zuweilen scheint die Akzeptanz des Kreislaufs des Lebens größer – und wo der Tod kein Tabu ist, hat er auch viel von seiner schrecklichen Unfassbarkeit verloren. Außerdem sind Menschen aus Indien womöglich mehr an Verstümmelungen gewöhnt, die, wie man hört, dort häufiger vorkommen als in Europa. Da sind die Ansprüche an eine Wiederherstellung nicht so hoch – wobei uns die der jungen Inderin wirklich gut gelungen war.

Von Zügen überrollte Leichname sind die schlimmsten Fälle, die man in unserem Fach erleben kann. Da muss man auch als abgehärteter Profi manchmal schlucken, und obwohl es müßig ist, kann schon mal die Frage auftauchen, warum sich jemand so etwas antut. Eine Frage, die schnell wieder verschwindet – angesichts der Herausforderungen unseres Berufes – und auf die es ohnehin keine Antwort gibt, weil derjenige, der sie kennt, nie mehr sprechen wird.

Je nachdem, ob ein Suizidant seinen Kopf auf die Schienen gelegt hat oder von einer Brücke auf die Gleise vor den Zug gesprungen ist oder beim Überqueren der Gleise in einem Unfallgeschehen vom Zug erfasst wurde, unterscheiden sich die Verletzungen. Bei Springern zieht es den Körper unter den Zug, und alles, was unter die Räder kommt, wird bis zur Unkenntlichkeit zerhackt und zermalmt. In solchen Fällen finden die Bestatter – die große Distanzen rechts und links der Gleise zurücklegen, um die Überreste so vollständig wie möglich zu bergen – dann irgendwo den Kopf: entweder glatt abgetrennt oder zermalmt und völlig enthirnt. Teile des Rumpfes und der Extremitäten, die meistens bis auf die Knochen aufgerissen wurden, sind weit verstreut, Muskeln und Fettgewebe liegen frei, Nerven und Sehnen ragen aus den Wundenden heraus. Wenn der Körper mitgeschleift wird, bleibt nicht viel übrig – und das verteilt sich auf der Strecke.

In München und im Münchner Umland werden die Überreste ausschließlich von Bestattern eingesammelt, mit denen sogenannte Bergungsverträge bestehen, nicht von der Polizei. Es ist ratsam, hier stets geschultes Personal einzusetzen.

Die Bestatter legen alle Teile gewissenhaft in Plastiksäcke – und noch einiges mehr, denn der Brei, der manchmal nur noch übrig ist, klebt an Schottersteinen, Ästen, Zweigen. So kommt allerhand zum Vorschein, wenn wir die Plastiktüten der Bestatter ausleeren. Einmal fanden wir in dem zerfetzten Körper eines Schienenopfers kleinste Wirbelknochen eines von vor langer Zeit an derselben Stelle überfahrenen Marders!

Wenn Leichen vom Himmel fallen

Das Flugmedizinische Institut der Luftwaffe in Fürstenfeldbruck verfügt über keine eigene Prosektur und ist somit auf die Sektionsräume in Friedhöfen oder Instituten angewiesen. Nachdem mein Chef, Professor Wurster, auch Oberstarzt der Reserve der Bundeswehr war, hatte er stets ein offenes Ohr für Anfragen aus diesem Bereich. Ein Hubschrauber war im Pfaffenwinkel abgestürzt, und der Leichnam des englischen Piloten wurde von der Flugmedizin Fürstenfeldbruck in Begleitung zweier Soldaten des britischen Militärs zu uns gebracht. Die Sektion selbst sollte von einem britischen Pathologen durchgeführt werden, der dafür mit einer Mitarbeiterin aus London eingeflogen wurde. Ich hatte im Sektionssaal alles vorbereitet und stand bereit, falls Hilfe benötigt würde.

Der britische Pathologe, von seinen Landsleuten »Commander« genannt, griff nach dem Hautmesser und trat an die Leiche. Mit dem Messer in der Hand verharrte er. Ich wunderte mich, warum er nicht schnitt. Nun ließ er die Hand sinken und schaute mich an. In seinen Augen las ich eine Frage. Da nahm ich ihm das Messer ab und setzte es in der Schlüsselbeingrube an. Der Pathologe atmete erleichtert auf, und ich reimte mir zusammen, dass er schon lange keine Obduktion mehr durchgeführt hatte. Bei der Organsektion hatte er wieder festen Boden unter den Füßen, gemeinsam mit seiner Mitarbeiterin führte er sie am Organtischchen durch und diktierte die Befunde. Die Kollegen aus Fürstenfeldbruck fotografierten alles. Im Beisein einer Ärztin vom Flugmedizinischen Institut stellte ich die Todesursache fest: einen Riss in der Halswirbelsäule, was als Genickbruch anzusehen war. Nachdem die Körpersektion abgeschlossen war, ich den Leichnam entsprechend versorgt hatte und mich dem Schädel zuwandte, hörte ich, dass die englische und deutsche Sprache auch im Sektionssaal manchmal Gemeinsamkeiten haben.

»Please open the nut«, bat mich der Pathologe aus London.

Mit Opfern von Flugzeugabstürzen haben wir es öfter zu tun. Unvergessen ist mir der Blizzard, der im Januar 1991 über München hinwegfegte. Am damaligen Flughafen Riem tobte das Schneegewitter so mächtig, dass es ein Kleinflugzeug zum Absturz brachte. Der Leiter der Flugunfallpathologie des Flugmedizinischen Instituts der Luftwaffe in Fürstenfeldbruck bat meinen Chef, die Sektion des verunglückten Ehepaares in unserem Institut durchführen zu dürfen. In Bergungswannen wurden uns die Leichen gebracht, und als ich sie in Augenschein nahm, entdeckte ich ein Phänomen, das ich so noch nie gesehen hatte: An beiden Körpern war die gesamte Haut abgezogen. Ein Flugmediziner führte diese unerklärliche Begebenheit schlicht auf »physikalische Vorgänge« zurück. »Das kann man sich manchmal nicht zusammenreimen, wie das gehen soll. Einmal haben wir einen abgestürzten Jetpiloten obduziert, der barfuß im Feld gefunden wurde. Seine Schuhe standen allerdings in den Cockpittrümmern fest an den Pedalen. Zugeschnürt! Es ist schleierhaft, wie die Füße aus den fest verschnürten Schuhen gekommen sein sollen. Eigentlich ist das nicht möglich.«

Die geplatzte Leiche

Eine olfaktorische Herausforderung stellte der Tote aus Irland dar. Der Leichnam des Mannes, der in München verstorben war, sollte in seine Heimat geflogen werden, wo seine Familie ihn bestatten wollte. So etwas ist nicht ungewöhnlich. Pro Jahr landen und starten rund 5000 Tote am Münchner Flughafen. Aus irgendeinem Grund, der später, als das Entsetzliche geschehen war, nicht mehr nachvollzogen werden konnte, wurde der Leichnam des Iren nicht in den Frachtraum des Flugzeugs geladen, für das er eigentlich gebucht war. Die Mitarbeiter der Cargogesellschaft stellten die neutrale Holzkiste, in der sich der Sarg befand, in den Eingangsbereich einer Lagerhalle. Die Tür stand offen. Es war Juli, ein heißer Sommer. Erbarmungslos brannte die Sonne vom strahlend blauen Himmel. Direkt auf die Holzkiste. In dieser Kiste lag in seinem Sarg der Verstorbene und wurde immer dicker. Schon zu Lebzeiten war der Mann korpulent gewesen, doch nun entwickelten sich die Fäulnisgase so stark, dass sich der Körper monströs aufblähte. Niemand von den Mitarbeitern, die ständig an der Kiste vorbeiliefen, ahnte, was dort vor sich ging. Und was schließlich explodierte: Der aufgedunsene Leichnam sprengte den zugelöteten Zinkeinsatz mitsamt der Holzkiste.

Der Schock war groß. Und die Frage: Was jetzt? In so einem Fall wissen die Betroffenen, wo man anrufen muss: »Beim Riepertinger.«

Der Bestatter schilderte das Unglück.

»Das kann ich nicht mehr ungeschehen machen«, stellte ich klar.

»Aber Sie können ihn herrichten! Die Verwandten in Irland, die warten doch auf ihn! Die rufen mich ständig an! Der müsste doch schon längst daheim sein!«

»Ich kann mir den Leichnam anschauen«, sagte ich. »Bestimmt kann ich den Fäulnisprozess stoppen und die Geruchsentwicklung binden, damit ein problemloser Transport stattfinden kann.«

»Das wär doch schon mal was!«, seufzte der Bestatter erleichtert. »Und der Rest?«

»Ich muss die Leiche erst mal auf dem Tisch haben.«

»Ich lass sie heut noch bringen«, kündigte der Bestatter an.

Am Nachmittag befand ich mich im kleinen Sektionssaal im Keller, um die Einbalsamierung vorzubereiten, die man vorher durchzuführen versäumt hatte, als ich einen üblen Geruch wahrnahm. Da wusste ich: Die Leiche vom Flughafen ist eingetroffen. Ich fuhr mit dem Aufzug nach oben und begegnete den Bestattern, die sie hereinrollten. Im Transportsarg wohlgemerkt. Und der war natürlich fest verschlossen. Was den bestialischen Gestank nicht daran hinderte, sich blitzartig im Institut auszubreiten. Hier war sozusagen Geruch im Verzug! Ich beeilte mich, den Leichnam in den

Keller zu bringen und stellte dort fest, dass ich diesen Auftrag annehmen konnte. Es würde zwar einige Zeit dauern, doch ich würde die stellenweise schwarz, stellenweise grün verfärbte und aufgequollene Leiche zumindest transportfähig machen können.

Fäulnis riecht unbeschreiblich. Die Rückführung biologischen Materials in den Kreislauf des Lebens erinnert olfaktorisch an faule Eier, an alte, faulige Wurst. Mit einem Wort: Brechreiz erregend. Wobei mich der noch nie gepackt hat. Ich gestehe allerdings, dass mich bei solchen Fällen immer wieder einmal Dankbarkeit überkommt, dass so etwas bei uns nicht so häufig vorkommt wie im Institut für Rechtsmedizin, wo die faule Wurst praktisch zum täglichen Brot gehört. Allerdings bin ich überzeugt davon, ich hätte mich auch daran gewöhnt, und es hätte mir die Liebe zu meinem Beruf nicht vergällt.

Bei faulen Leichen ist das sogenannte durchschlagende Venennetz sehr gut zu erkennen, am deutlichsten ausgeprägt findet man es an den oberen Brustpartien und Oberarmen. Was ein bisschen an eine Landkarte erinnert, weist auf die Zersetzung des Blutes im Gefäßsystem hin, in das Bakterien eingeschwemmt wurden. Viele Menschen wurden mit solchen teilweise extrem aufgedunsenen Leichen erstmalig konfrontiert, als uns nach dem Tsunami in Thailand im Dezember 2004 Bilder von am Strand liegenden Toten erreichten, die beileibe keinen Wohlstandsbauch hatten, sondern eben aufgedunsen waren. Dieser Zustand rührt auch von den Gasen in Magen und Darm, die nicht entweichen können. Der Leichnam bläht sich auf. Die Zunge schwillt monströs an und quillt aus dem Mund, die Lippen nehmen eine schlauchbootähnliche Form an. Auch der Hodensack schwillt an, mitunter bis auf Fußballgröße.

Wenn man in faules Gewebe hineinschneidet, knistert es zuerst, als hätte man Pergamentpapier in der Hand, und dann zischt es, als würde man in einen prallen Reifen stechen. Das stinkende Gas entweicht, der Körper sinkt in sich zusammen. Wenn nun Einbalsamierungslösung eingebracht wird, kann sich das vormalige Aussehen des Verstorbenen teilweise wiederherstellen. Zudem bindet man den stechenden Geruch, und das ist ein ganz entscheidendes Kriterium. Wer an derlei Gerüche nicht gewöhnt ist, kann sich einer solchen Leiche kaum nähern. Der Gestank ist hartnäckig und setzt sich auch in den Haaren und der Kleidung fest. Hunde lieben dieses »Parfum« – wenn sie einem Mitarbeiter aus der Pathologie begeistert wedelnd nachlaufen, ist diesem anzuraten, noch einmal zu duschen!

Die Haut einer faulen Leiche kann in den verschiedensten Farben erscheinen: von hell- bis dunkelgrün, von grau bis schwarz. Die Oberhaut löst sich leicht ab, man muss bloß sacht darüberfahren, da streift man sie schon ab wie einen losen Handschuh. Das gesamte Gewebe fängt an zu zerfließen, wird matschig, breiig, gerade bei hohen Temperaturen zersetzt es sich rasch. Wenn eine solche Leiche im Freien gelegen hat, spielt auch Tierfraß eine Rolle. Marder, Füchse, alle Arten von Nagern halten sich an diesem »Leckerbissen« schadlos. Nicht zu vergessen die Insekten. Fliegen sind die Ersten, die sich einfinden. Schmeißfliegenweibchen können einen frischen toten Körper über weite Entfernungen wahrnehmen und steuern ihn rasch an. Dort legen sie in die feuchten, weichen Stellen an den Körperöffnungen – Augen, Nase, Mundhöhle, Ohren – oder dort, wo Verletzungen sind, ihre Eier ab. Sind die Augen geschlossen, legen sie ihre Eipakete in den Spalt zwischen den Lidern in den Augeninnenwinkeln. Für Rechtsmediziner sind diese Eier und Maden wertvolle Wegweiser, da sie sofort darauf hinweisen, wo der Mensch verletzt, ob er erstochen, erschlagen oder erschossen wurde. Innerhalb kurzer Zeit schlüpfen aus den Eiern weißliche Maden mit großem Appetit. Mit ihren Mundhaken schaben sie kleine Gewebeteile ab, die sie zuvor oft mit Körperausscheidungen angedaut haben. Am liebsten sind sie dabei unbeobachtet: Sie fressen gern im Dunkeln, was man deutlich erkennen kann, wenn Menschen im Bett sterben und eine Lampe am Nachttisch brennt. Die Insekten beginnen ihre Fresstätigkeit auf der Seite, die der Lampe abgewandt ist, und erst wenn diese sauber genagt ist, nehmen sie sich die beleuchtete Seite vor. Ganze Madenarmeen bevölkern in kürzester Zeit einen Leichnam und können ihn innerhalb von einigen Tagen bis Wochen skelettieren. Ich erinnere mich an einen in den Bergen verunglückten Pfarrer, dessen Kopf bis fast auf den Schädel skelettiert war – so gründliche Arbeit hatten die Maden geleistet. Auch das restliche Gewebe des Leichnams war sehr stark zersetzt, in einen typischen grauen Brei zerflossen. Die Gemeinde des Pfarrers wollte sich von ihm verabschieden, und dazu sollte er im geschlossenen Sarg aufgebahrt werden. Ralph und ich kämpften stundenlang gegen die Madenflut, die wir zu Beginn mit hohlen Händen aus dem Leib schaufeln mussten. Als wir bereits Tausende vernichtet hatten, lockten wir die verbliebenen mit Formalin aus der Leiche und vernichteten den Rest mit minus 25 Grad kaltem Aceton. Erst dann begann unsere eigentliche Arbeit.

Wenn in der Rechtsmedizin das Wort Maden fällt, denkt man heutzutage an den Kriminalbiologen Mark Benecke, Spezialist für forensische Entomologie, der weit über die Grenzen des Landes bekannt ist. Es ist mir eine Ehre, dass Mark mir spontan angeboten hat, ein Vorwort zu diesem Buch zu schreiben. Wir lernten uns 2009 im Rudolf-Virchow-Museum der Charité in Berlin anlässlich der 48. Internationalen Präparatorentagung kennen und arbeiten seither immer wieder einmal zusammen. Mark Benecke ist ein begeisterter Wissenschaftler und mittlerweile ein Medienstar, dem es gelingt, seine Faszination weiterzutragen. Übrigens spielen Maden nicht nur eine Rolle in Bezug auf die Klärung von Morden aufgrund des Insektenbefalls der Leichen. Auch an lebendigen Menschen leisten sie Erstaunliches, wie Mark Benecke berichtet: »Viele Menschen, die sich nicht pflegen und grundsätzlich nicht zum Arzt gehen, verdanken wortwörtlich ihr Leben den Maden. Würden die Tiere nicht die Wunden an den Beinen oder in ihren (seit Wochen nicht gewechselten) Stiefeln von Bakterien weitgehend freihalten, dann würden diese Menschen rasch einer Entzündung erliegen. Probleme mit den Maden haben eher die Rettungssanitäter, die den verwahrlosten Menschen irgendwann entkleiden müssen. In Großstädten gibt es kaum ein Rettungsteam, das nicht schon einen solchen geruchlich wie optisch eindrucksvollen Fall erlebt hat. Heutzutage werden kompliziert infizierte Wunden, gegen die keine Medikamente mehr helfen, auch in Krankenhäusern mit Maden behandelt. Die Tiere fressen nur schwärendes, nicht aber gesundes Fleisch und bewirken erstaunliche Erfolge auch bei kaum oder gar nicht mehr heilenden Wunden.« Dies ist im Übrigen keine neue Erkenntnis: Beim Austreten von inneren Organen nach Bauchschüssen überlebten während der beiden Weltkriege diejenigen Soldaten, deren Wunden im Feld von Schmeißfliegenlarven befallen wurden.

Ich finde das Fachgebiet von Mark Benecke, die forensische Entomologie, also die rechtsmedizinisch-kriminalistisch angewandte Insekten- und Gliedertierkunde, überaus spannend und freue mich, dass wir im letzten Jahr einige Fliegen an Mark Benecke weiterreichen konnten, deren Existenz uns vor ein Rätsel stellte:

Für eine wissenschaftliche Fernsehsendung des Bayerischen Rundfunks über die Mumifikation in Ägypten – hier gilt mein Chef, der Paläopathologe Professor Nerlich, als Spezialist – wollten wir an einem Schwein die Mumifizierung demonstrieren. Woher aber kamen die Fliegenpuppen, die sogenannten Tönnchen, die wir an dem Schwein fanden? Das Tier hatte sich durchgehend in der Kühlung befunden. Doch Schmeißfliegen als häufigste Leichenerstbesiedler in unserer Region hatten unmittelbar nach der Einschläferung des Schweins ihre Eier auf ihm abgelegt.

Um die Arbeit von Mark Benecke zu beschreiben, möchte ich nachfolgend einen seiner Fälle zitieren, den er unter der

Überschrift *Käsefliegen* publiziert hat. Es geht um die Bestimmung des Todeszeitpunkts: »Ein Bahnstreckengänger hatte im November die skelettierten Überreste einer Leiche ohne Kopf gefunden. Der Haarschopf und die herumliegende Jeansbekleidung waren noch intakt. Eine erste grobe Schätzung ergab eine mögliche Liegezeit von zwei bis drei Monaten. Unter den Haaren fanden sich Käfer- und Fliegenpuppen, auf der übrigen Leiche Zehntausende etwa acht Millimeter große, längliche, springende Maden der Käsefliege *Piophila casei Linné* sowie ein dichter Teppich von Käsefliegeneiern. Folgendes war für die anschließende insektenkundliche Liegezeitbestimmung bekannt: Erstens benötigen Käsefliegenmaden unter den gegebenen Bedingungen etwa zwei bis drei Wochen, um zu erwachsenen Tieren heranzuwachsen. Zweitens handelte es sich mindestens um die zweite Generation von Käsefliegen, weil nicht nur Eier und Maden, sondern auch tote erwachsene Tiere gefunden wurden. Drittens fliegen trächtige Käsefliegen hierzulande erst nach etwa drei Monaten das erste Mal eine Leiche an, weil die Leiche erst dann den typisch käsigen Geruch entwickelt. Dieser Geruch signalisiert den Käsefliegen, dass das Leichengewebe sich mittlerweile in Substanzen verwandelt hat, die für die Ernährung ihrer Nachkommen am besten geeignet sind. Aus diesen Informationen ergab sich folgende Rechnung: Erste Besiedlung mit Käsefliegen circa 90 Tage + zweimal (das heißt zweite Generation) 11 bis 19 Tage Entwicklungszeit = circa 112 bis 128 Tage Liegezeit im Freien. Diese Berechnung wurde später bestätigt. Es handelte sich um eine heroinabhängige Selbstmörderin, die seit vier Monaten als vermisst gemeldet war.

Hier zeigt sich, wie eine Leichenliegezeitbestimmung der Kriminalpolizei helfen kann, sich bei den Ermittlungen auf diejenigen Vermissten zu konzentrieren, die im berechneten Zeitraum verschwunden sind (und nicht Monate früher oder später). Je stärker zersetzt eine Leiche ist, desto schwieriger wird es für Rechtsmediziner, diesen Zeitraum zu bestimmen. Manchmal geben Insekten sogar den einzigen Hinweis darauf, ob ein Skelett die Überreste eines Menschen darstellt, der vor Wochen, Monaten oder Jahren verstorben ist. Der Grund: Bestimmte Insekten (meist Käfer) können die Feinzersetzung einer Leiche auch dann noch geschmacklich unterscheiden, wenn sie mit den technischen Methoden des Menschen schon nicht mehr messbar ist. Die langsame Veränderung von in Knochen eingelagerten Fetten ist dafür ein Beispiel – verschiedene Zersetzungsstadien ziehen jeweils verschiedene Aasfresser an. Käsefliegenlarven sind übrigens, weil sie gerne und viel springen, bei Bestattern und Rechtsmedizinern unbeliebt. Anders ist das auf Korsika, wo die Tiere als Qualitätsmerkmal einer bestimmten Käsesorte gelten. Da die Tiere von stark käsig riechenden, zerfließenden Eiweißen angezogen werden, wundert es nicht, dass sie gerade auch zerfallenen Weichkäse anfliegen. Hier benutzt man die hoch angepassten chemischen Sinne der Tiere dafür, das Zersetzungsstadium des Käses (die >Reife<) genau zu bestimmen. Denn Käse ist nichts anderes als ein Batzen zersetzter Milcheiweiße – und eine zerflossene Leiche, zumindest für die Fliegen, nichts anderes als ein weiterer Batzen ebenfalls zersetzter Eiweiße.«

Eine Sänfte für die Gebeine

Im März 2008 rief mich ein Bestatter aus der Nähe von Wasserburg am Inn an und bat mich um Hilfe bei der Räumung von Grüften des Klosters Attl, die vor circa 300 Jahren belegt worden waren und nun aus bautechnischen Gründen geräumt werden sollten: Bei der Renovierung des Klosters war festgestellt worden, dass die beiden den Altarraum tragenden Säulen auf den Hohlräumen der darunterliegenden Grüfte standen. Eine dieser Säulen, so die Statiker, begann sich schon etwas abzusenken. Zur Stabilisierung mussten 16 der 40 Grüfte vollständig geräumt werden, um sie zur Hälfte mit Beton füllen zu können. »So was haben wir noch nie gmacht«, vertraute mir der beauftragte Bestatter an.

»Wir kommen«, sagte ich und verschwieg, dass auch wir so was noch nie gemacht hatten.

Da mein Chef, Professor Nerlich, als Gutachter bei dem berühmten Ötzi-Fall beteiligt war – die etwa 5300 Jahre alte Gletschermumie wurde 1991 in den Ötztaler Alpen auf Südtiroler Seite gefunden –, glaubte ich zwar nicht, ihm mit den Klostergrüften eine Sensation bieten zu können, war mir jedoch sicher, dass er sich über dieses interessante Angebot freuen würde. Ich selbst war völlig aus dem Häuschen. Einige der Klosterbrüder waren um 1720 bestattet worden! Was würde da noch übrig sein? Und in welchem Erhaltungszustand? Würden wir Gewebe finden und welche Knochen? Grabbeigaben? Was würden wir über die Lebensgewohnheiten der Menschen damals erfahren? Es war kein Opfer für mich, meine Freizeit in den nächsten Wochen diesem Projekt zu widmen. Mein Kollege Ralph war ebenso begeistert wie ich, und auch unser Chef war gespannt, was uns im Kloster erwarten würde. Doch zuerst einmal hatten wir beim Abt Überzeugungsarbeit zu leisten. Uns schwebte vor, die Skelette und Überreste nach München zu bringen, um sie dort gründlich zu untersuchen. Der Abt fürchtete um die Totenruhe.

»Aber bei uns im Institut haben sie es viel besser als hier im Baulärm«, argumentierte ich.

Das überzeugte den Abt weniger als die Mitteilung, dass mein Chef bereits mehrfach für die Erzdiözese München-Freising an Gebeinen von Heiligen gearbeitet hatte. Als seine Zustimmung kam, öffnete sich für mich der Himmel! Eine spannende Zeit begann, viele Fragen galt es im Vorfeld zu klären, ehe die Grüfte geöffnet werden konnten. Hierzu wurde eine Besprechung mit dem Landesbauamt in Rosenheim, dem Denkmalamt München, Sicherheitsbehörden, dem Arbeitsschutz, Technikern, Statikern, Ingenieuren und einem Desinfektor anberaumt.

An einem Montag Anfang April – das Arbeitsaufkommen in unserem Institut ließ es zum Glück zu – war es endlich so weit. Am Freitag hatte die Baufirma die Grüfte geöffnet und der Desinfektor anschließend eine Schleuse aufgebaut und eine Schutzausrüstung bereitgestellt. Wir wussten ja nicht, was uns in den offenen Grüften erwarten würde. Seit dem *Fluch des Pharao* ist man, was Gräber in Grüften betrifft, etwas vorsichtiger. Seinerzeit, im Jahr 1922, entdeckte der englische Archäologe Howard Carter im Tal der Könige das unversehrte und reich bestückte Grab des legendären Tutenchamun. An diesem Fund konnte er sich jedoch nicht lange erfreuen. Ebenso wie der Finanzier der Ausgrabung sowie einige Altertumsforscher, die der Graböffnung beigewohnt hatten, starb er auf mysteriöse Weise. Ein Fluch des Pharao? Oder doch eher Aspergillus Flavus, der gelbe Gießkannenschimmelpilz? In alten Grabstätten und Grüften droht, wie wir heute wissen, die Gefahr, giftige Schimmelpilzsporen einzuatmen, die die Entdeckerfreude merklich dämpfen, wenn nicht gar abrupt beenden.

Alle an der Räumung der Klostergruft Beteiligten steckten in Vollkörperoveralls und Gummistiefeln, zudem waren wir mit Atemmasken und Schutzbrillen ausgerüstet. Das war unbequem und erschwerte die Arbeit, weil sich die Brillen schon nach kurzer Zeit mit Schwitzwasser füllten. Ich hatte zwei große Bleche zum Einschieben in die Gruftnischen bestellt, ähnlich der Brotbleche, die Bäcker verwenden. Im Gang vor den Grüften ließ ich mir zwei Böcke mit einer Schaltafel aufstellen, wo ich die Bleche absetzen konnte, um die Knochen zu sortieren. Unterstützt wurden Ralph und ich von zwei Mitarbeitern des Bestatters vor Ort und einem Archäologen des Denkmalamtes München. Und natürlich versicherte sich der Abt persönlich, dass seine Toten mit dem gebührenden Respekt behandelt wurden. Vom Bestatter hatte ich mir Gebeinekisten herrichten lassen, die ich mit geraffter Seidenbespannung austackern ließ, wie sie sonst zur Auskleidung von Särgen verwendet wird. Schön gepolstert wollte ich die längst Verstorbenen gebettet wissen. Wohlwollend begutachtete der Abt diese Knochensänften.

Manche der Särge standen noch gut erhalten in den Gruftnischen, andere waren zusammengefallen. Da die Leichen fast ausnahmslos in Ätzkalk eingelegt waren, fanden wir sie zum Teil gut erhalten. Hier und dort sah ich Lederpantoffeln aus dem Ätzkalk herausragen. Und unzählige Knochen. Es machte mir unheimlichen Spaß, die Skelettteile zuzuordnen: Oberschenkel, Rippen, Schädel und viele kleinere Knochen.

Im Unterbereich der Grüfte, so hörten wir, war in den 1970er-Jahren Wasser eingedrungen. Entsprechend zeigte sich hier der Zustand der Körper. Die Särge waren zwar noch erhalten, doch die Bretter fühlten sich an wie weiches, schwammiges Gewebe, was mich erstaunte, da ihr Anblick so gravierend von ihrer Beschaffenheit abwich. Es gelang uns dennoch, einige der Bretter ins Institut zu bringen, wo wir sie trockneten und mit Firnis behandelten, um sie für museale Zwecke aufzubewahren.

Innerhalb von zwei Tagen räumten wir die gesamte Gruft, obwohl wir aus arbeitsrechtlichen Gründen alle eineinhalb Stunden pausieren mussten, was sehr umständlich war und mich nicht gerade begeisterte. Immerhin mussten wir jedes Mal die Schleuse passieren, uns vom Desinfektor absprühen lassen, uns vollständig der Schutzkleidung entledigen – und nach der Pause alles wieder rückwärts, selbstverständlich jedes Mal mit frischer Schutzkleidung.

An manchen Knochen und Überresten fanden wir unzählige Verletzungen, auch sehr schwerwiegende, sowie Gelenkabnutzungen und Arthrosen, die allein beim Anblick des Knochens schon wehtaten, wie auch die zum Teil extrem kariösen Zähne, manchmal nur noch als Stümpfe vorhanden. Das muss sehr schmerzhaft gewesen sein. Doch unsere Vorfahren waren nicht so empfindlich wie wir, sondern an Schmerz gewöhnt von Kindesbeinen an – und sie kannten naturheilkundliche Mittel. Darüber hinaus gab es bestimmt Strategien, mit dem Schmerz umzugehen. Unsere Strategie heute heißt in vielen Fällen Tabletten, Betäubungen, Operation mit Narkose. Davon waren die Eigentümer dieser Knochen weit entfernt. An einem der Skelette konnte ich ablesen, dass der Mann höchstwahrscheinlich aus einer größeren Höhe gestürzt war; ich entdeckte ein gebrochenes Schlüsselbein und darunter eine Rippenserienfraktur. Bei einem anderen war ein Teil des Schädels abgetrennt, was der Mann allerdings überlebt hatte, wie uns die Knochenränder mit ihren Abrundungen der Bruchkanten verrieten.

Ich fand es enorm spannend, anhand der »Schätze« in den Grüften Details über diese Menschen herauszufinden. Wie groß waren sie gewesen, wovon hatten sie sich ernährt, handelte es sich um Rechts- oder Linkshänder, mussten sie hart arbeiten oder saßen sie ihr Leben lang »am Schreibtisch« – und wie alt waren sie geworden? Mit 60 Jahren galt man seinerzeit bereits als Greis.

Im Institut kümmerten wir uns nach der erfolgreichen Bergung nun jeden Tag vor Dienstbeginn im Beisein unseres

Chefs um die Skelette. Unsere Aufgabe bestand darin, die Knochen aus den Kisten zu heben, über Nacht auf Tüchern zu trocknen und bis zum Eintreffen des Chefs mit Pinseln fest abzubürsten und auf frischen Laken vorzusortieren. Professor Nerlich organisierte blaue Fotokartons, die wir auf dem Boden im Keller des Sektionssaals ausbreiteten. Hier legten wir die Skelette in anatomischer Anordnung ab und fotografierten sie maßstabsgerecht. Zudem hielt der Chef zu Dokumentationszwecken fast jeden Knochen der 19 Skelette noch einmal extra im Bild fest. Auf einem Formular wurde eingezeichnet, welche Knochen fehlten oder zersetzt waren, und die korrespondierenden Knochen wie Oberarm und Oberschenkel wurden gemessen, um so auf die Größe schließen zu können.

Mit einem speziellen Messzirkel wurden die Schädel vermessen. An deren Nähten nämlich ließ sich das jeweilige Alter bestimmen. In Zweifelsfällen oder wenn ein Schädel nicht mehr gut genug erhalten war, sägten wir einen Oberschenkel in der Mitte durch, um am Zustand der Knochenbälkchen innerhalb des großen Röhrenknochens die altersspezifischen Eigenschaften abzulesen. Wir arbeiteten konzentriert und in sehr guter Stimmung, und Professor Nerlich ließ uns an seinem reichen Erfahrungsschatz teilhaben.

In einigen der verklebten, starren Haare fanden wir leere Puppen von Fliegenmaden, desgleichen in manchen Schädelnebenhöhlen. Ganz klar ein Fall für Mark Benecke! Ich unterbreitete meinem Chef diesen Vorschlag, und er gab mir grünes Licht, sodass ich ein kleines Paket nach Köln zu

Mark und seiner Mitarbeiterin, Frau Dr. Saskia Reibe, sandte. Übrigens hat auch Mark Benecke festgestellt, dass der Nachwuchs in unserem Berufsumfeld in erster Linie weiblich ist, sogar auf der amerikanischen Body Farm, einer Ausbildungsstätte für forensische Anthropologen.

Körperwelten

Mit Gunther von Hagens hielt ich in all den Jahren guten Kontakt, auch wenn wir uns nur unregelmäßig trafen. Aus der Ferne verfolgte ich gespannt seine Entwicklung, die mit der *Körperwelten*-Ausstellung in Mannheim 1998 in Deutschland einen wahren Hype entfachte. Erstmals war es der breiten Öffentlichkeit möglich, Leichen in ihrer konservierten Form aus der Nähe zu betrachten. Leichen, die in den Jahren und Jahrzehnten zuvor hinter den Mauern und verschlossenen Türen der Anatomie oder Pathologie aufbewahrt worden waren, abgesondert von »normal Sterblichen«. Gunther öffnete dem breiten Publikum die Tür in den Körper des Menschen. Sein Triumphzug begann in Japan in kleinem Rahmen, dort stellte er seine Ganzkörperplastinate in den üblichen Posen der Anatomie aus. Das japanische Publikum jedoch regte ihn an, die Plastinate so zu präsentieren, wie sie als Menschen gelebt hatten. In diesem Zusammenhang würden die Betrachter die Muskeln und Organe noch intensiver erleben können.

Die Ausstellung in Mannheim interessierte Ralph und mich brennend – und nicht nur uns. Immer mehr Neugierige wollten sich uns anschließen – Laien und Fachleute –, und so organisierte ich einen Kleinbus für unseren Ausflug. Es war mir eine besondere Freude, dass Margit, die erst kürzlich in meine Nachbarschaft gezogen war und in der Urologischen Klinik in Planegg arbeitete, mit von der Partie sein würde. Da ich in der Zeitung von stundenlangen Wartezeiten an der Kasse gelesen hatte, meldete ich uns bei Gunther an, und seine zweite Frau Angelina Whalley öffnete einen Seiteneingang zur Ausstellung für uns.

Beeindruckt erkannte ich, wie Gunther seine Technik perfektioniert hatte. Allerdings hätte ich manche der Plastinate anders dargestellt, manche Körper anders positioniert. Ralph und ich wurden mit Fragen aus unserer kleinen Gruppe bombardiert, die während des Rundgangs immer größer wurde. Sobald wir etwas erklärten, bildete sich eine Traube um uns. Als die Menschenansammlung eine gewisse Größe erreicht hatte, wurden wir sogar mit offiziellen Führern verwechselt.

»Bitte lauter«, rief eine Stimme von hinten.

So eine Situation war mir nicht neu: Bei der Besichtigung der Königsgräber in Ägypten deutete der deutschsprachige Führer meiner Gruppe, mit dem ich zuvor ein paar Worte gewechselt hatte, auf mich, als eine Teilnehmerin die Technik der Einbalsamierung erklärt bekommen wollte: »Fragen Sie ihn. Der kennt sich aus. Das ist ein Spezialist.«

Ich kann nicht leugnen, dass mir so etwas schmeichelt. In Mannheim sogar ganz besonders, da Margit, die Frau, in die ich mich verliebt hatte, Zeugin meiner Souveränität wurde. Wahrscheinlich erklärte ich vieles nur für sie, und die Art und Weise, wie sie mir zuhörte und mich anlächelte, zeigte mir, dass sie meinem Werben nicht abgeneigt war. Ich glaube zwar nicht, dass die Balz vor plastinierten Ganzkörperpräparaten im Ranking der erfolgreichsten Flirts auf einem der oberen Plätze erscheint. Doch bei uns stellte sie sich als Volltreffer heraus.

Das letzte Präparat vor dem Ausgang war der berühmte Läufer. Er stand mit dem Gesicht in Richtung Ausstellung – schien einem am Ende des Rundgangs also entgegenzukommen. Ich betrachtete das Plastinat wie alle anderen mit Argusaugen und entdeckte kleine, für Laien nicht erkennbare Silikonnasen vom Kunststoff während der Gashärtungsphase.

»Fällt dir an diesem Präparat was auf?«, fragte ich Ralph.

Er legte den Kopf schräg und fixierte das Präparat eine ganze Weile. Ich konnte ihm förmlich beim Nachdenken zusehen. Dann teilte er mir sein Ergebnis mit. »Er läuft in die falsche Richtung.«

Zur Verwunderung unserer Gruppe bekam ich einen Lachanfall. An diese Anekdote erinnern sich Ralph und ich heute noch gern.

Margit und ich entschlossen uns an diesem Tag, gemeinsam in die richtige Richtung zu laufen. Vier Jahre später heirateten wir.

Im Andenken an den kleinen Peter

Es war ein kalter Februartag des Jahres 2005, als uns die Anfrage eines Bestatters erreichte, den neunjährigen Jungen, der in einer Wohnsiedlung in Neuperlach bestialisch ermordet worden war, herzurichten, damit sich seine Eltern von ihm verabschieden konnten. Der Fall beschäftigte die Medien seit Tagen, denn der Mörder war ein vorbestrafter Sexualtäter, bei dem bereits mehrere Therapieversuche gescheitert waren. Der 28-Jährige erschlich sich das Vertrauen der Eltern und lockte den Buben in seine Wohnung, wo er ihm stundenlang grausam zusetzte. Schließlich stülpte er dem Kind eine Plastiktüte über den Kopf und hielt sie mit einer Schnur so lange geschlossen, bis der Junge erstickt war. Die Leiche – an der er sich zuvor vergangen hatte – warf er, in Abfallsäcke gewickelt, in einen Müllcontainer.

Als der kleine Kerl von der Rechtsmedizin zu uns überführt wurde, ballte ich zum ersten Mal in meiner Laufbahn innerlich die Faust. Eine unendliche Wut auf diesen Täter packte mich, der dem kleinen Buben so etwas angetan hatte. Und auch die Wut auf die Rechtsbehörden, die manchmal etwas genauer hinschauen sollten, ehe sie ein Gutachten erstellen. Denn man darf nicht vergessen, dass ein pädophiler Triebtäter im Gefängnis keine Kinder um sich hat. Wie soll er sich dort also auffällig verhalten? Die Objekte seiner Begierde sind schließlich nicht anwesend. Und offenbar ist es auch nicht besonders schwierig, manchen Psychiatern und Gutachtern etwas vorzuspielen.

Da ist ein Kind, ein kleiner Mensch am Anfang seines Lebens. Er geht vertrauensvoll auf einen Erwachsenen zu, der vorgibt, sein Freund zu sein. Und dann reißt er sich die Maske vom Gesicht und quält das Kind, das überhaupt nicht begreifen kann, was geschieht. Und tötet es! Gnadenlos. Unvergessen ist mir der Gesichtsausdruck des kleinen Jungen. Auch wenn man aus toten Gesichtern nichts herauslesen kann, da alle Muskeln erschlafft sind, schien es mir doch, als könnte ich in diesen Zügen Angst wahrnehmen. Eine Interpretation? Und wenn schon ...

Ich dachte an mich selbst als Neunjährigen. Damals wäre ich gern mutiger gewesen. Ich habe mich oft gefürchtet, vor allem im Keller, auf dem Speicher und überhaupt im Dunkeln. Deshalb suchte ich Schutz bei mir vertrauten Erwachsenen. Was für ein entsetzliches Erwachen muss es sein, wenn ein Kind erkennen muss, dass dieser Erwachsene keinen Schutz bietet. Mehr noch, dass es seinem Mörder begegnet ist.

Unter dem Titel »Warum musste Peter sterben?« strahlte das ZDF noch im selben Jahr eine Dokumentation des Regisseurs Walter Harrich aus: *Für die Staatsanwaltschaft München ist Martin P. ein Unbekannter, als am frühen Morgen des 18. Februar 2005 die alarmierende Nachricht eingeht, dass seit* dem Vortag nach dem 9-jährigen Peter aus Neuperlach, einer Neubausiedlung im Süden Münchens, gesucht wird. Die Chancen, das Kind noch lebend zu finden, schwinden stündlich. Doch schon kurz darauf erhält die Mordkommission den entscheidenden Tipp: Ein wegen Kindermords verurteilter Sexualstraftäter verkehrte bei der Familie des kleinen Jungen. Bei Justiz und Ermittlungsbehörden schrillen die Alarmglocken. Der Mann, um den es geht, war nur ein halbes Jahr zuvor aus der Haft entlassen worden. Gutachter wie Therapeuten hatten davor gewarnt, ihn auf freien Fuß zu setzen. Martin P. wurde als Risikokandidat eingeschätzt. Im Oktober 1994 hatte er einem 11-Jährigen aufgelauert, das Kind sexuell missbraucht und mit 70 Messerstichen brutal ermordet. Einem psychiatrischen Gutachter gestand er eine weitere Tat, die er ein Jahr vor dem Mord an dem 11-Jährigen begangen hatte. Dieses und die Einschätzung der mit dem Fall P. betrauten Personen führte dazu, dass der Mann bis zum letzten Tag einsitzen musste. Doch dann, im Sommer 2004, waren die Mittel der Vollzugsbehörde endgültig ausgeschöpft. Als die Münchner Kripo Martin P. am 18. Februar 2005 in einem Wohnheim im Münchner Osten abholt, legt er ein Geständnis ab und führt die Kriminalbeamten zu dem Müllcontainer, wo er die Leiche des 9-jährigen Peter am Vorabend versteckt hatte. Das Verbrechen an dem kleinen Peter aus Neuperlach zeigt das Dilemma der Justizbehörden und der Gesellschaft im Umgang mit Sexualstraftätern in seiner ganzen Tragik auf. Welche Antworten können Justizministerium, Staatsanwaltschaft, Psychiater und Kriminalpolizei geben?

(Text: Danuta Harrich-Zandberg)

Wenn die Fahnen Trauer tragen

Mein Freund Walter Nusser, Vorsitzender des Verbandes Schweizerischer Anatomie-Pathologie-Präparatoren, bat mich, auf der Fortbildungsveranstaltung in Zürich im Frühjahr 1989 einen Vortrag über die Technik der Einbalsamierung zu halten. Zu diesem Zeitpunkt hatte ich bereits eine Reihe von Vorträgen absolviert und konnte zu einer Vielzahl von Themen referieren. Da ich selbst schon immer fasziniert gewesen war von den Vorlesungen und Vorträgen jener Rechtsmediziner, die ihre Fälle spannend zu verpacken wussten, hatte ich meine Vorbilder klar vor Augen. Besonders die Vorträge der Professoren Eisenmenger, Spann und Vock sind mir unvergesslich. Sie zeichneten sich nicht nur durch Fachwissen und spektakuläre Fälle aus; diese Professoren verfügten über herausragende rhetorische Fähigkeiten, setzten ihre Körpersprache gekonnt ein und würzten ihre »Auftritte« mit vielen Zitaten, Beispielen und beeindruckenden Dias. Da war an Einschlafen – wozu manche Redner in Hörsälen geradezu einladen – nicht mal zu denken.

Auch ich wollte meinen Zuhörern nicht bloß Fachwissen vermitteln, sondern es kurzweilig und unterhaltsam präsentieren – eine Voraussetzung dafür, dass das Gelernte den

Weg vom Kurzzeitgedächtnis ins Langzeitgedächtnis findet. Was uns berührt oder bewegt, beeindruckt oder verblüfft, vergessen wir nicht so schnell. Meine eigene Begeisterung steckte die Zuhörer an, und bald war ich in der »Szene« aus der Riege der Referenten nicht mehr wegzudenken. Als ich selbst im Vorstand des Verbandes der Präparatoren agierte, hielt ich junge Kollegen dazu an, über ihre Themen Vorträge zu halten, da ich unsere Referentenliste auffrischen und ergänzen wollte. Heute ist es mir eine große Ehre und Freude, den Kommentaren meiner Zuhörer entnehmen zu dürfen, dass es ihnen während meines Vortrags ebenso erging wie mir vor vielen Jahren bei meinen Vorbildern. Es war und ist mir ein Graus, wenn sich Redner nicht auf ihren Vortrag vorbereiten, weder fachlich noch rhetorisch, und wenn sie die Grundregeln der Kommunikation missachten, indem sie das Publikum ignorieren und ihre Texte herunterleiern – ohne Körperspannung mehr auf der Bühne hängend denn stehend. Heute weiß man, dass ein Publikum weniger auf den Inhalt des Gesprochenen achtet als auf die Präsentation: Körpersprache, Mimik, Gestik, Stimme. Damit punktet der Vortragende, das kann ich aus eigener Erfahrung bestätigen. Ich selbst habe niemals ein Kommunikationsseminar besucht, doch ich habe mir ein Buch über Rhetorik besorgt, Augen und Ohren aufgesperrt und gut aufgepasst, was und wer wie ankommt – oder eben nicht.

In letzter Zeit scheinen einige Auszubildende oder Lernende auch in den medizinischen Fächern zu glauben, dass hochmoderne Computerprogramme das einzig Wichtige innerhalb ihres Studiums seien. Als in unserem Institut mittwochs noch regelmäßig Vorlesungen für Studenten abgehalten wurden, konnten mangels Organpräparaten gelegentlich keine Fälle demonstriert werden, und ich sprang mit einem Vortrag über die Plastination und die Herstellung derartiger dreidimensionaler Präparate ein, die man nach Fertigstellung in die Hand nehmen – im wahrsten Sinne des Wortes *begreifen* konnte. Ich demonstrierte eine Auswahl plastinierter pathologischer Organbefunde und erklärte den Studenten, wie wichtig und wertvoll derartige Präparate auch in der Zukunft in unserer hochmodernen Medizin sein können – ganz im Sinne des Pioniers der Chirurgie Theodor Billroth (1829–1894): »Für meine Vorstellung von wissenschaftlicher Thätigkeit sind Geschichte und Forschung so untrennbar verbunden, dass das eine ohne das andere für mich gar nicht denkbar ist.«

Prompt teilte mir ein ganz besonders schlauer Student mit, dass solche Präparate völlig überholt und insofern nicht mehr nötig seien. Für die Ausbildung im Fach Anatomie gebe es mittlerweile hervorragende dreidimensionale Computerprogramme.

»Prima«, antwortete ich. »Das können wir ja nächste Woche gleich mal ausprobieren.«

»Wie meinen Sie das?«, fragte der Student verunsichert. Offensichtlich überraschte ihn meine Reaktion.

»Ich organisiere einen Computer und ein plastiniertes Herz, und Sie bringen die Anatomiesoftware der dreidimensionalen Darstellung mit. Dann schließen wir den Computer an, Sie fahren Ihr Programm hoch, und wenn die Bilder auf dem Bildschirm erscheinen, verbinde ich Ihnen die Augen. Während Sie dann wahrscheinlich etwas hilflos vor dem Computer sitzen, gebe ich Ihnen das plastinierte Herz in die Hand.«

»Äh«, machte der Student. An seinem erstaunten Gesichtsausdruck las ich ab, dass er wirklich schlau war, denn er begriff nun, was ich mit Dreidimensionalität gemeint hatte.

Es macht mir Freude, unkonventionelle Methoden zu finden, um Menschen zu erreichen. Obwohl wir einander alle, wie ich Tag für Tag auf dem Sektionstisch vor mir erkenne, sehr ähnlich sind, sind wir doch auch unterschiedlich, und jeder Mensch lernt anders, begreift anders, denkt und fühlt anders. Oft gehen die Samen, die man sät, erst viele Jahre später auf. Eins bedingt das andere. So kam es auch zu einer meiner interessantesten Einbalsamierungen, die ein Resultat meines Vortrags in Zürich war, zu dem mich Walter Nusser seinerzeit eingeladen hatte.

Im Oktober 1989 fragte der ärztliche Direktor des Kantonspitals Grabs in der Schweiz bei meinem Chef an, ob wir die Einbalsamierung der Fürstin von Liechtenstein durchführen könnten. Die Wiener, die normalerweise für die Einbalsamierungen am Fürstenhaus zuständig waren, konnten diesen Auftrag damals nicht durchführen, und obwohl man nach kompetentem Ersatz gesucht hatte, war man offenbar nicht fündig geworden.

»Ich habe von einem Vortrag Ihres Oberpräparators Riepertinger über die Einbalsamierung gehört und mich an Sie und Ihre Schaffenszeit in Zürich und Winterthur erinnert. Ich bin sicher, Sie und Ihr Mitarbeiter sind genau die Richtigen für uns. Können Sie das übernehmen?«

Professor Wurster besprach sich mit mir, und noch am selben Nachmittag brachen wir auf nach Vaduz, wo bereits zwei Zimmer in einem Hotel für uns reserviert waren. Am Morgen dieses Tages hätte ich nie vermutet, dass ich am Abend in einem fremden Bett liegen würde. Mir gefiel dieser spontane Ausflug!

Nach dem Frühstück in Vaduz fuhren Professor Wurster und ich ins Spital nach Grabs, wo uns der Bestatter bereits erwartete. Alles war vorbereitet, und wir packten unsere Instrumente, die Einbalsamierungslösung, Kräuter und was wir sonst noch benötigten aus und begannen zügig mit unserer Arbeit. Nachdem es vollbracht war, übernahm der Bestatter das Ankleiden der Verstorbenen und sargte die Fürstin in einem traditionellen Kupfersarg ein. Professor Wurster und ich wurden vom Klinikdirektor ins Personalrestaurant zum Essen eingeladen. Auf dem Weg dorthin begegneten wir dem ältesten Fürstensohn Adam, der mit seinem Bruder in die Klinik gekommen war, um sich persönlich bei uns für die rasche Zusage und Durchführung der Einbalsamierung zu bedanken. Es war mir eine Ehre, dem zukünftigen Fürsten, dessen Vater zu der Zeit im Sterben lag, die Hand zu reichen. Im Restaurant galten wir als Ehrengäste und wurden aufs Feinste bewirtet. Wieder einmal dachte ich mir: Als Werkzeugmacher würde ich hier wohl kaum sitzen!

Vier Wochen später wurden wir erneut nach Liechtenstein gerufen. Der alte Fürst war gestorben. Das Prozedere lief ab wie bei der Fürstin: Wir reisten am Tag vor der Einbalsamierung an. Als wir in der Dämmerung durch die Straßen von Vaduz zu unserem Hotel fuhren, fragte ich meinen Chef: »Herr Professor, ist Ihnen das schon mal aufgefallen? Immer wenn wir nach Liechtenstein kommen, hängen die Fahnen auf Halbmast.«

Die abgestürzten Piloten

Manchmal stellt das Institut für Pathologie seine Räumlichkeiten ohne eigenes Personal zur Verfügung – zum Beispiel wenn das Flugmedizinische Institut eine Obduktion durchführt. In solchen Fällen kümmere ich mich lediglich um die Vorbereitung: Ich vergewissere mich, dass der Sektionssaal zum gewünschten Zeitpunkt frei ist, kontrolliere alle benötigten Geräte und Instrumente und weise den Bestatter ein, der den Leichnam zu uns überführt. Diese Obduktionen können mehrere Stunden dauern, da hier alles bis aufs kleinste Detail genauestens untersucht wird. Sämtliche Verletzungen der – meistens abgestürzten – Piloten werden dokumentiert; jede Vorerkrankung, die eine Rolle bei dem Unfall gespielt haben könnte, wird in Augenschein genommen.

Diesmal brachte der Bestatter gleich zwei Leichen. Ich fuhr die beiden Piloten auf Bahrwagen in den kleinen Sektionssaal im Untergeschoss, um sie für die Kollegen bereitzustellen. Erst im Nachhinein erfuhr ich die Geschichte des tragischen Absturzes:

Mit einer in Schweden registrierten MD 87 sollte der Linienflug von Mailand-Linate nach Kopenhagen durchgeführt werden. An Bord befanden sich über 100 Passagiere und ein halbes Dutzend Besatzungsmitglieder. Kurz vor acht Uhr morgens erbat die Besatzung in Linate die Erlaubnis zum Rollen, die Startfreigabe wurde bei guter Sicht erteilt.

An diesem Tag standen auch private Flüge mit einer in Deutschland registrierten Cessna auf dem Flugplan, bei denen im Auftrag des Eigentümers Geschäftsfreunde von Mailand-Linate nach Paris Le Bourget und zurück transportiert werden sollten. Dieses Flugzeug war am Morgen des Unfalltages mit zwei Piloten in Köln gestartet und gegen sieben Uhr morgens in Mailand-Linate gelandet. Nach der Landung rollte das Flugzeug über die Rollbahn zum westlichen Flughafenteil, der für die allgemeine Luftfahrt vorgesehen ist. Der Aufenthalt, bei dem zwei Passagiere aufgenommen wurden, dauerte circa eine Stunde. Gegen acht Uhr bat die Besatzung um die Erlaubnis zum Anlassen der Triebwerke, die gleichzeitig mit der Freigabe für den Flug nach Paris erteilt wurde. Die Rollfreigabe erfolgte durch Linate-Ground für die Rollbahn R5, die im Norden des Flughafens verläuft. Die Besatzung bestätigte die Rollbahn R5, verließ ihre Parkposition und fuhr auf die Rollbahn R6.

Um 8:09 Uhr startete die MD 87 bei Windstille auf der Startbahn 36R. In Höhe der Einmündung der Rollbahn R6 – zu diesem Zeitpunkt hatte die Maschine ungefähr ihre Abhebegeschwindigkeit erreicht – kollidierte sie mit der Cessna, die sich an dieser Stelle auf der Startbahn befand. Die MD 87 verlor dabei das rechte Triebwerk, geriet außer Kontrolle, rutschte über das Ende der Startbahn hinaus und prallte in ein Gebäude des Flughafens, das einstürzte – was keiner der 110 Insassen des Flugzeugs überlebte. Auch unter den im Gebäude befindlichen Menschen gab es mehrere Tote. Die Cessna blieb zerstört am Ort der Kollision liegen und brannte aus; die vier Insassen kamen ums Leben, die beiden Piloten sollten nun obduziert werden.

»Guten Tag, Herr Riepertinger«, begrüßte mich einer der obduzierenden Ärzte vom medizinischen Institut der Luftwaffe. »Können wir?«

»Alles ist vorbereitet«, erwiderte ich und öffnete die Tür zum Sektionssaal.

Die Flugmediziner gehen bei der Obduktion ihrer Leichen in etwa vor wie wir. Nach der Entnahme der Organpakete – Brustpaket, Oberbauchpaket, Darmpaket und Urogenitalpaket – präparieren sie die Organe auf dem speziellen Präparationstisch: Beide Lungen werden vom Herzen abgetrennt, um anschließend die Bronchien und die Lungengefäße aufzuschneiden und zu kontrollieren, ob sich in den Bronchien Schleim oder Eiter befinden oder Thromben in den Gefäßen.

Ein Schnitt mit dem Parenchymmesser, einem langen Spezialmesser für Schnitte in das spezifische Organgewebe, zeigt, ob es frei von einer Entzündung, von Emphysemen, Tumoren oder Metastasen ist. Das Herz wird, dem Blutstrom folgend, vom rechten Vorhof über die rechte Kammer, die rechte Ausflussbahn eröffnet, dasselbe passiert auf der linken Seite über den linken Vorhof, die linke Kammer und die Ausflussbahn über die Brustaorta. Alle davon abgehenden großen Gefäße wie zum Beispiel die beiden Halsschlagadern werden ebenso eröffnet. Am Herzen präpariert man mit einer sogenannten Coronarschere die feinsten Herzkranzgefäße, um zu sehen, ob und, wenn ja, inwieweit sie verkalkt sind. Beim Schnitt durch den Herzmuskel kann man nach mehr als acht Stunden einen eventuellen Myokardinfarkt, also einen Herzinfarkt, mit dem bloßen Auge feststellen. Die Speiseröhre und Luftröhre werden ebenfalls eröffnet, die Schilddrüse abpräpariert und die Präparate zum Wiegen beiseitegelegt.

Am Oberbauchpaket befinden sich die Leber, die Milz, die Bauchspeicheldrüse, Magen und der Zwölffingerdarm. Dieses Paket wird so auf den Tisch gelegt, dass die Gallenblase an der Leber in ihrer Nische erkennbar ist. Man eröffnet die untere Hohlvene, schneidet die Milzvene auf und trennt die Milz von der Bauchspeicheldrüse, an deren Schwanz sie anhaftet, ab. Nach einem Schnitt in das Gewebe wird eine circa Zwei-Euro-Stück-dicke und briefmarkengroße Gewebescheibe entnommen, um sie in die vorbereiteten Gläser mit fünfprozentigem Formalin zur Fixierung für die Histologie zu geben. Nun setzt man die Bauchspeicheldrüse und den Magen von der Leber ab. Die Gallenblase wird geöffnet und auf Steine und etwaige Veränderungen kontrolliert, die von einer früheren Entzündung herrühren könnten. Dann legt man die Leber wieder auf die Rückseite und schneidet das gesamte Organ mit dem Parenchymmesser in circa zwei Zentimeter dicke Lamellen, um das Gewebe inspizieren und untersuchen zu können. Für die histologische Untersuchung wird, wie bei der Milz, eine Organscheibe herausgenommen.

Der Magen wird zurechtgelegt und über dem Zwölffingerdarm und an seiner großen Kurvatur, der Krümmung, bis zum restlichen Teil der Speiseröhre eröffnet. Eventuell vorhandener Inhalt wird ausgewaschen und begutachtet.

Zuletzt wird ein kleiner Querschnitt über die Bauchspeicheldrüse, das Pankreas, gelegt, um den Gang zu finden, der dann mit der Coronarschere aufgeschnitten wird bis zu seiner Mündung in den Zwölffingerdarm. Dasselbe geschieht mit dem über dem Pankreaskopf verlaufenden Gallengang, der in die sogenannte Papilla Vateri, einen kleinen ringförmigen Muskel einmündet. Beim letzten Paket, dem Urogenitalpaket, schält man die Nieren aus dem dicken Fettlager, das die Natur für diese empfindlichen Organe entwickelt hat, öffnet die Bauchaorta bis über die Beckenschlagadern und die dazugehörigen Venen. Zuvor werden noch die im Fettgewebe des Nierenlagers befindlichen Nebennieren wegpräpariert. Sie lassen sich leicht mit den Fingern tasten, da sie etwas härter sind als das Fettgewebe.

Die Nieren werden komplett aufgeschnitten, das Nierenbecken mit der Schere eröffnet, ebenso die beiden Harnleiter bis in die Blase. Zum Schluss wird die Blase geöffnet, beim Mann über die Prostata, hier sieht man, ob etwaige Veränderungen die Vorsteherdrüse geschädigt haben, auf der Rückseite wird der Mastdarm, das Rektum, wegpräpariert und kontrolliert, ob sich Veränderungen wie Krebsgeschwüre darin befinden. Bei Frauen werden Vagina und Gebärmutter mit den anhängenden Eileitern und den Eierstöcken, die eingeschnitten und kontrolliert werden, geöffnet.

Aus sämtlichen Organen werden entsprechende Proben für die histologische Untersuchung entnommen. Nach der

Fallbesprechung mit dem Kliniker wird alles bis auf die kleinen Proben in den Körper zurückverlagert und zugenäht. Das entnommene Gehirn kommt nicht mehr in die Schädelhöhle zurück, weil sonst eine saubere und einwandfreie Wiederherrichtung des Schädels nicht möglich wäre. Nach dem Wiegen wird das Gehirn in Scheiben geschnitten, und es werden Proben für die Histologie herausgenommen. Das Hirn wird dann in den Körper zurückgegeben, meist in den Brustraum. Es ist nicht möglich, bei der Rückverlagerung der Organe alle so zu ordnen, dass jedes wieder an seiner exakten Stelle liegt. Wir bemühen uns jedoch, die Organe so genau wie möglich einzubetten. In speziellen Fällen, wo Befunde nicht einwandfrei nachgewiesen werden können, asservieren wir Organe in Fixationslösung; sie werden zu einem späteren Zeitpunkt gründlich untersucht und abschließend in speziellen Behältern separat eingeäschert.

Mein Herzblut: die Siegfried Oberndorfer-Lehrsammlung

Im Laufe der Jahre wuchs der Wunsch in mir, nicht nur die historischen Knochen aus der geheimnisvollen Kiste, die ich von meinem Lehrer Othmar Vesely »geerbt« hatte, sondern auch viele weitere Präparate des Instituts und solche aus Schenkungen anderer Institute in einer Ausstellung zusammenzuführen, die einem interessierten Publikum zugänglich sein sollte. Meine Vorbilder hierfür waren die Sammlung der Anatomischen Anstalt der Universität München in der Pettenkoferstraße sowie einige medizinische Museen und Sammlungen, die ich bei meinen Reisen auf der ganzen Welt besichtigt habe. In den 1980er-Jahren gelang es mir mit der tatkräftigen Unterstützung junger Präparatorenkollegen, die ersten Grundsteine für mein Vorhaben zu legen, wozu auch die Entrümpelung eines weiträumigen Flures im Untergeschoss des Instituts gehörte, wo wir die Sammlung präsentieren wollten. Gemeinsam mit meinem Kollegen Ralf Keßler baute ich zudem die ersten Vitrinen. Sein früher Tod im Jahr 1995 durchkreuzte unsere ehrgeizigen Pläne. Der Verlust dieses Kollegen ging mir sehr, sehr nahe. Heute noch bedaure ich, dass ich ihn nicht mehr sehen konnte: Ich kam zu spät, sein Sarg war für die Feuerbestattung bereits verplombt.

Der Ralf mit F war von uns gegangen, geblieben ist mir bis heute mein »Ralphi«, der PH-Ralph. Er übernahm die gesamten Trockenpräparate, das Mazerieren von Knochen, worauf er sich mittlerweile spezialisiert hat, während ich mich auf die Plastination und alle anderen gängigen Präparationstechniken verlegte. Mit keinem Kollegen habe ich so lange zusammengearbeitet wie mit Ralph Gillich. Wir ergänzen uns perfekt – und haben nichts dagegen, dass wir gelegentlich scherzhaft als »altes Ehepaar« angesprochen werden, besonders im klinikeigenen Laden, wo wir uns häufig eine Mittagsbrotzeit holen. Bei der Arbeit verstehen wir einander auch ohne Worte. Jeder weiß, welchen Handgriff der andere als Nächstes macht. So eine Zusammenarbeit ist ein Geschenk!

Blind verlassen konnte ich mich ebenfalls auf Andreas Büttner, wenn unsere Zusammenarbeit auch nur knapp zwei Jahre währte. Ihm gelang der kometenhafteste Aufstieg unter meinen mittlerweile unzähligen Schülerinnen und Schülern. Anfang der 1980er-Jahre erzählte mir ein Kollege aus der Neuropathologie des Bezirkskrankenhauses Haar von einem talentierten Jungen mit Abitur, der keinen Studienplatz fand und derzeit bei ihm als Präparator mitarbeitete, leider nur befristet.

Bei einem Treffen mit Andreas erkannte ich sofort, dass ich einen ungeschliffenen Diamanten vor mir hatte. Bedauerlicherweise war unsere dritte Stelle zu dieser Zeit blockiert. Mein erster Versuch, sie wieder zu besetzen, scheiterte an einem Verwaltungsbeamten der Stadt München. Also, so nahm ich mir vor, würde ich diesmal nicht zum

Schmiederl gehen, sondern zum Schmied. Ich schrieb einen Brief an den damaligen Oberbürgermeister Georg Kronawitter mit Verteiler an sämtliche Fraktionen im Rathaus und unsere Klinikleitung, ließ meinen Chef unterzeichnen und schickte alles ab.

»Sie haben den Dienstweg nicht eingehalten«, teilte mir der stellvertretende Verwaltungsleiter am nächsten Tag derart erbost und lautstark mit, dass ich mich veranlasst sah, den Telefonhörer so weit vom Ohr wegzustrecken, wie es mein Arm gestattete.

»Ja«, sagte ich schlicht. Denn natürlich war mir das nicht nur bewusst, es war reine Absicht gewesen.

»Sind Sie wahnsinnig?«

Dies kommentierte ich nicht.

»Damit kommen Sie nicht durch! Das funktioniert nicht!«

»Warum regen Sie sich dann so auf, wenn ich damit eh nicht durchkomm?«, fragte ich – und dehnte meine Armmuskeln noch ein Stück weiter, um dem drohenden Trommelfellriss zu entgehen.

Kurze Zeit später erhielt ich einen freundlichen Brief vom Oberbürgermeister Kronawitter persönlich, der sich für mein Schreiben bedankte und mir zusagte, sich um die Angelegenheit zu kümmern, da mein Anliegen wegen der von mir geschilderten und dokumentierten hohen Arbeitsbelastung sicher berechtigt sei. Einige Wochen darauf kam ein zweiter Brief vom Oberbürgermeister mit der Mitteilung, dass die dritte Stelle wieder zu besetzen sei und er in der Anlage alle Nachweise über unseren Arbeitseinsatz zu seiner Entlastung zurücksende.

Von diesem Tag an grüßte mich der stellvertretende Verwaltungsleiter stets sehr höflich. Hier bestätigte sich wieder einmal mein Lieblingszitat: »Die Wege des Herrn sind unergründlich, führen aber immer zum Ziel.« Für mich bedeutete diese dritte Stelle: Bahn frei für Andi! Er hatte mir allerdings schon beim ersten Gespräch mitgeteilt, dass er nur so lange am Institut bleiben würde, bis er einen Studienplatz in München zugeteilt bekäme.

»Ich leg dir keine Steine in den Weg«, versicherte ich ihm. »Es ist auch in meinem Interesse, dass du dich weiterentwickelst.«

Andreas Büttner war genauso talentiert, wie ich es vermutet hatte. Für mich war es das reinste Vergnügen, mein Wissen an ihn weiterzugeben. Dieser junge Mann passte hervorragend in meine Zukunftspläne für das Institut – so wie ich vielleicht einmal in die von Othmar Vesely gepasst hatte. Doch im Gegensatz zu mir verabschiedete sich Andi bereits nach zwei Jahren vom Institut und nahm sein Medizinstudium auf. Selbstverständlich behielt ich seinen weiteren Werdegang im Auge. Gern kam er mit Kommilitonen zu uns ins Institut, und als er seinen Doktortitel in der Tasche hatte und sich später habilitierte, war ich natürlich sehr stolz. Unvergessen ist mir der Moment, als er mich anrief und verkündete: »Stell dir vor, ich bin jetzt Direktor des Instituts für Rechtsmedizin der Universität Rostock!«

Im Jahr 2003 fragte mich ein Kollege aus dem Institut für Pathologie aus Erfurt – jenem Institut, in dem die Opfer des Amoklaufs am Gutenberg-Gymnasium seziert worden waren, bei dem der 19-jährige Täter zwölf Lehrer, eine Sekretärin, zwei Schüler und einen Polizisten erschoss, ehe er sich selbst richtete –, ob wir Interesse an alten Sammlungsbeständen hätten, die, wenn niemand sie in seine Obhut nähme, weggeworfen würden.

»Um Himmels willen!«, rief ich. »Wir kommen!«

Bei einem mir bekannten Bestatter charterte ich ein großes Fahrzeug, und Ralph und ich düsten zusammen mit unserem Praktikanten Florian an einem Samstag um fünf Uhr früh nach Erfurt. Dort angekommen, schafften wir circa 250 zum Teil sehr restaurationsbedürftige Präparate in den Wagen, dazu noch viel Papier, Bücher und Sonstiges, was im Container gelandet wäre. Voll bepackt und glücklich über die »Beute« luden wir unsere Schätze nachts im Schwabinger Institut aus.

Vor fünf Jahren übernahm ich auch die Reste der alten Sammlung des Instituts für Rechtsmedizin von Professor Eisenmenger in Form von etwa 150 Präparaten, die ich mit meinem Privatwagen transportierte: Hautstücke mit Schussverletzungen, Feuchtpräparate, die in Norddeutschland übrigens als Nasspräparate bezeichnet werden, Hirnblutungen, die durch Unfall oder Schlagverletzungen zustande gekommen waren, und Klassiker: ein subdurales oder epidurales Hämatom wie aus dem Lehrbuch – nur eben im Original. Auch das äußere weibliche Geschlechtsteil, Schamlippen und Scheideneingang, das mit an Sicherheit grenzender Wahrscheinlichkeit Johann Eichhorn in den 1930er-Jahren einem seiner Opfer herausgeschnitten hatte. Der Autorin Andrea Maria Schenkel ist mit der Beschreibung des realen

Kriminalfalls unter dem Titel *Kalteis* ein Bestseller gelungen. Sie rollte den Fall des fünffachen Frauenmörders auf, der etwa 90 Notzuchtverbrechen, wie man Vergewaltigungen früher nannte, begangen hat.

Leider gab es auch ein paar Schätze, die ich nicht ergattern konnte. Eine dieser verpassten Gelegenheiten schmerzt mich noch heute, und auch sie hat eine Vorgeschichte:

Im Juli 1984, anlässlich eines Besuchs bei meinen Verwandten in der DDR, wollte ich das Rechtsmedizinische Institut der Universität Leipzig besichtigen. Der damalige Leiter, Professor Wolfgang Dürwald, empfing mich freundlich und teilte mir mit, dass – so gern er es täte – es nicht so einfach sei, mich durch das Institut zu führen. Er müsse zuerst eine Genehmigung der Universitätsbehörden einholen, was erfahrungsgemäß zwei Tage dauere.

»Ich kann warten«, erklärte ich und sprach zwei Tage später erneut vor. Die Genehmigung war eingetroffen, und mein Kollege Wolf-Dietmar Müller empfing mich ebenfalls sehr freundlich zu einer Führung. Vorher sollte ich allerdings noch mal beim Chef vorbeischauen. In seinem Büro erzählte mir Professor Dürwald viel Wissenswertes über sein Institut und bedauerte dann: »Leider dürfen wir Ihnen die Speziallabore nicht zeigen, in denen wir bestimmte Untersuchungen durchführen.«

»Das macht nichts«, erwiderte ich. Speziallabore interessierten mich nicht. In den Sektionssaal wollte ich – und vor allem die Sammlung sehen!

In Ermangelung von Möglichkeiten, das zwangsumgetauschte DDR-Geld zu verprassen, hatte ich einige Tage zuvor in einer Universitätsbuchhandlung medizinische Fachbücher erstanden. Darunter befand sich auch die *Gerichtliche Medizin*, verfasst von Professor Wolfgang Dürwald, die ich mir zum Abschied signieren ließ. Dann zeigte mir Wolf-Dietmar den Sektionssaal, der, wie alle anderen in der DDR, die ich besichtigt habe, ziemlich heruntergekommen wirkte. Unvergessen ist mir der frei schwebende Aufzug, eine Flaschenzugkonstruktion, mit der die Leichen auf Bahren nach oben und unten transportiert wurden.

Einige der Präparate, die mir mein Kollege schließlich im Original zeigte, kannte ich bereits aus Professor Dürwalds Buch. Beispielsweise die Mumie, die nach langer Zeit im Wald hängend gefunden worden war, mit einer unfassbar gedehnten Halshaut, die jeden Moment zu reißen drohte. Ich sah die Leiche des Unglücklichen, der in eine Teergrube gestürzt und nun, wie die Opfer vom Ausbruch des Vesuvs im Jahr 79 nach Christus in Pompeij, in einer letzten Pose erstarrt war. Und ich sah den Kopf jener Leiche, deren Gesicht der Mörder hatte unkenntlich machen wollen, wozu er die gesamte Gesichtshaut abpräpariert hatte, sodass lediglich der fleischige Schädel und die Augen übrig blieben, die uns durch das Präparateglas anstarrten.

Was für eine Sammlung!

30 Jahre später war ich nah dran, sie in unsere Siegfried Oberndorfer-Lehrsammlung zu integrieren, denn wegen einer Neustrukturierung der Leipziger Sammlung wurde eine eventuelle Übernahme in unser Institut diskutiert. Gespannt wartete ich die Ergebnisse ab – doch leider platzte dieser große Traum. Das traf nicht nur mich hart, sondern auch meinen Chef, Professor Nerlich, denn in der Leipziger

Sammlung befinden sich unzählige Skelettteile der Gefallenen der Völkerschlacht zu Leipzig aus dem Jahr 1813. Hier kämpften die Truppen der verbündeten Staaten Preußen, Österreich, Schweden und des Russischen Zarenreichs gegen Napoleon. Dieser Kampf mit rund 600 000 Soldaten galt bis zum 20. Jahrhundert mit seinen zwei Weltkriegen als die größte Feldschlacht der Geschichte.

Aber auch ohne diese »Sahnestückchen« aus Leipzig bietet unsere Siegfried Oberndorfer-Sammlung großartige Zeugnisse aus vergangenen Zeiten, wie zum Beispiel Präparate mit Knochentuberkulosen, die manche Wirbelsäule im 90-Grad-Winkel verbogen haben zu einer sogenannten Kyphose. Der Volksmund sagt: Buckel.

An einer postnekrotischen Leberzirrhose, die die Pathologen auch Kartoffelleber nennen, verstarb ein 46-jähriger Mann, der als Kriegsteilnehmer nach dem Zweiten Weltkrieg in russische Gefangenschaft geriet. Dort erwarteten ihn schwere und harte Arbeit, schlechtes und karges Essen und noch miserablere hygienische Zustände. Infolge einer Hepatitis entwickelte sich die Leberzirrhose. Auslöser für diese irreversible Erkrankung der Leber kann chronischer Alkoholismus oder eben eine Hepatitis sein. Bei der Kartoffelleber gehen ganze Abschnitte der Leber vollständig zugrunde und werden in weißes Narbengewebe umgewandelt, das einzelne Areale als runde, grobe Gewebeknoten verschiedener Größe erscheinen lässt und damit an Kartoffeln erinnert.

Ein historisches Präparat stellt die Kohlestaublunge eines Mannes dar, der 19 Jahre lang im Bergbau tätig war. Ich bin sehr stolz darauf, dass eine dünne Scheibe dieses Präparats im Museum für deutsche Geschichte in Bonn ausgestellt ist. Zu den spektakulären Präparaten, gerade aus älteren Zeiten, gehört auch ein Original aus dem Jahr 1912: Eine 21-jährige Frau, im achten Monat hochschwanger, verstarb am 29. April 1912 an Tuberkulose. Wohl nur die Familie und enge Freunde nahmen an ihrem traurigen Schicksal Anteil. Exakt 14 Tage zuvor hatten die Zeitungen nur ein Thema gekannt: In der Nacht zum 15. April war die Titanic untergegangen. Die Frau hinterließ uns ihr acht Monate altes ungeborenes Kind, das in Geburtsstellung im Uterus in einem großen Glas in meiner Sammlung ruht.

Es ist mir eine große Freude und Ehre, dass ich die Nachfahren von Siegfried Oberndorfer kennenlernen konnte, zunächst seinen in Tübingen lebenden Enkel Dr. Walter Castrillón-Oberndorfer. Das war 2008 bei der Eröffnung einer Ausstellung im Jüdischen Museum über die Emigration von Münchner Juden nach Istanbul, für die wir auch um einige Exponate von Oberndorfer gebeten worden waren. Es entwickelte sich ein reger Kontakt, der mir zusätzliche Originale seines Großvaters bescherte. Im Jahr 2010 besuchten mich zwei weitere Enkel aus Kolumbien, Luis und Juan Carlos, denn dorthin war Oberndorfers Tochter mit ihrem Mann emigriert, der aus Kolumbien stammte.

Mein großer Traum ist es, die Sammlung in ein Museum zu überführen, das den Namen des ersten Leiters unseres Instituts tragen soll, das Siegfried-Oberndorfer-Museum für historische Pathologie. Von Eugen Albrecht (1872–1908) und Siegfried Oberndorfer (1876–1944) geplant, wurde im

Jahr 1910 das Pathologische Institut des Krankenhauses München-Schwabing in Betrieb genommen. Professor Oberndorfer war seinerzeit einer der aktivsten Pathologen in München. 1912 begründete er seine Lehrpräparatesammlung zur Verwendung im Unterricht bei der Ausbildung von Medizinstudenten und medizinischem Fachpersonal. In den großen Demonstrationssaal im ersten Obergeschoss integrierte er die mit Metallrahmen versehenen Glasschränke zur Aufnahme der Präparate. Wie zu dieser Zeit in zahlreichen pathologischen Instituten üblich, begann Oberndorfer ab Anfang 1912 mit dem Sammeln von Obduktions- und Operationspräparaten zu Dokumentations- und Lehrzwecken.

Aus der Zeit des Ersten Weltkriegs, in dem er als Stabsarzt einem Feldlazarett und später einer Feldprosektur zugeteilt war, stammen mit hoher Wahrscheinlichkeit einige Mazerationspräparate mit Schuss- und Schlagverletzungen, die jahrelang in der berühmten Kiste lagen. Es handelte sich um eine sogenannte Magazinsammlung, bei der die Präparate – nur zur Aufbewahrung, nicht zur Besichtigung in den Vitrinen untergebracht – lediglich zur Demonstration bei den Vorlesungen zum jeweiligen Themenkomplex herausgenommen wurden.

Heute beherbergt die Sammlung etwa 1000 Objekte pathologisch-anatomischer Feucht- und Trockenpräparate sowie Modelle, Wachsmoulagen und Bilder. Das Interesse in der Bevölkerung ist groß, davon war ich stets überzeugt und wollte dies auch der Klinikdirektion beweisen. Deshalb schlug ich die Teilnahme unseres Instituts am Tag des offenen Denkmals im September 2010 vor.

Ich bot drei Führungen durch das eben erst 100 Jahre alt gewordene Institut für Pathologie an, jeweils für 20 Personen, mit Voranmeldung. Informationsmaterial stellte mir die Deutsche Stiftung Denkmalschutz zur Verfügung. Die Führung beinhaltete alle Räumlichkeiten des Instituts, vom Sektionssaal über Aufbahrungsraum und Hörsaal, natürlich die Sammlung im Keller, unsere Präparationsräume, den Umbettraum im Keller und den kleinen Sektionssaal für infektiöse Leichen und Einbalsamierungen. Und schließlich das erste Geschoss im ehemaligen Tierstallgebäude, wo das Museum eines Tages integriert werden soll. Ich war ein bisschen enttäuscht, als sich die Voranmeldungen in Grenzen hielten. Doch je näher der Tag des offenen Denkmals rückte, desto mehr Besucher kündigten sich an. Zwei Tage davor waren sämtliche Führungen überbucht. Keinen einzigen Besucher wollte ich abweisen! Das würden wir schon irgendwie schaffen, beschlossen wir im Team. Doch was sich dann am Tag des offenen Denkmals in unserem Institut abspielte, hätte ich selbst in meinen kühnsten Träumen nicht zu hoffen gewagt. Bei der ersten Führung um zehn Uhr kamen statt der angemeldeten 20 bereits 75 Besucher. Ralph, unsere Praktikantinnen und ich schwankten zwischen Begeisterung und Schrecken. Natürlich siegte die Begeisterung. Ich erklärte den Besuchern, dass dieser Andrang unsere Erwartungen übersteigt und sie mit beengten Verhältnissen rechnen müssten. Alle blieben. Vor der zweiten Führung wussten wir schon, dass wir weit mehr Besucher durchschleusen konnten als vermutet, und danach gingen wir davon aus, dass wir immer noch nicht am Limit angelangt waren. Die Nachmittagsführung um 16 Uhr übertraf mit 125 Besuchern alle unsere mittlerweile hochgeschraubten Erwartungen.

In den nächsten Tagen erreichten uns viele E-Mails, mit denen Besucher sich für die beeindruckende Führung bedankten – nicht nur bei uns, sondern auch bei der Klinikleitung, was uns besonders freute, da wir mit diesem Experiment bewiesen hatten, wie groß das Interesse an einem Museum sein würde, das sich, davon bin ich überzeugt, ebenso schnell amortisieren wird wie unser Verabschiedungsraum, dessen Einnahmen durch die Vermietung an Bestattungsunternehmen die Renovierungskosten längst eingespielt haben. Neben dem Medizinhistorischen Museum der Charité in Berlin und dem Bundesmuseum Narrenturm in Wien wäre das Siegfried-Oberndorfer-Museum hier in Bayern das dritte dieser Art im deutschsprachigen Raum. Meiner Meinung nach ein großer Gewinn für die Stadt München und die Museumslandschaft insgesamt.

Bei den Führungen wurden wir mit Fragen förmlich bombardiert, bis ich nah dran war, mich vor einem Spiegel zu vergewissern, dass ich kein Loch im Bauch hatte.

»Wann ist man eigentlich tot? Also richtig?«, wollte ein Herr wissen.

»Mausetot sozusagen«, präzisierte eine Dame.

»Es gibt heutzutage quasi mehrere Definitionen des Todes«, führte ich aus.

»Früher war man tot, wenn man nicht mehr geschnauft hat«, empörte sich eine ältere Dame.

»Hoffentlich nicht mehr geschnauft!«, rief eine junge Frau. »Früher waren ja total viele Leute scheintot!«

»So etwas kann heute nicht mehr passieren«, beruhigte ich sie, auch wenn ich selbst nicht hundertprozentig davon überzeugt bin. »Das Sterbegeschehen ist ein Prozess, der durch den Ausfall bestimmter Lebenserscheinungen gekennzeichnet ist.«

»Aber es kann auch ganz schnell gehen«, widersprach die ältere Dame.

»Selbstverständlich. Bei einem Unfall zum Beispiel. Das Ende jeder Sterbephase wird mit einem speziell definierten Todesbegriff umschrieben. Zeitlich aufeinanderfolgen zuerst der klinische Tod, dann der Individualtod und schließlich der biologische Tod. Als Beweis für den klinischen Tod gelten Atem- und Herzstillstand. Seitdem wir Beatmungsgeräte, Herzschrittmacher und Herz-Lungen-Maschinen einsetzen, lassen sich allerdings sowohl die Atemfunktion als auch die Herztätigkeit aufrechterhalten. Dadurch wird weiterhin lebensnotwendiger Sauerstoff für die Stoffwechselprozesse bereitgestellt und das Absterben der Körperorgane verhindert. Eine Rückkehr ins Leben ist möglich. Gerade bei schweren Verletzungen werden Patienten oft künstlich beatmet. Erst der Hirntod ist als der endgültige Tod anzusehen. Er wird mit dem Individualtod gleichgesetzt. Diesem folgt die Phase des intermediären Lebens. Gewebe und Organe ›überleben‹ noch eine Weile – je nach ihrer Sauerstoffmangelempfindlichkeit. Gerade diese Zeitspanne spielt für die Transplantationsmedizin eine entscheidende Rolle. Durch bestimmte Reize können an einzelnen Geweben und Organen, die noch nicht abgestorben sind, Reaktionen ausgelöst werden. Allerdings nur während eines begrenzten Zeitraums.«

Ralph übernahm: »Im Jahr 1780 beobachtete der italienische Arzt, Anatom und Biophysiker Luigi Galvani, dass frisch präparierte Froschschenkel genau in dem Moment zuckten, wenn die Muskeln mit einem Kupferdraht an einem Eisengitter aufgehängt wurden. Er stellte, ohne es zu wissen, einen Stromkreis her.«

»Bis circa vier Stunden nach Eintritt des Individualtodes kann eine Muskelzuckung erzeugt werden«, führte ich weiter aus. »Mit dem Absterben der letzten Körperzellen ist das Leben definitiv beendet. Wir finden schon sehr bald die absolut sicheren Todeszeichen wie Leichenflecken und Totenstarre.«

»Man hört ja immer wieder, dass den Toten noch der Bart sprießt. Ist da was dran?«, wollte ein älterer Herr wissen.

»Und stimmt es, dass auch die Fingernägel nach dem Tod noch wachsen?«, fragte ein junger Mann.

»Dieses Phänomen beruht schlicht und einfach darauf, dass das Körpergewebe durch Feuchtigkeitsverlust zu schrumpfen beginnt und somit die Barthaare oder die Fingernägel weiter oder länger aus der Haut hervortreten und so den Anschein von Wachstum erwecken. Echtes Wachstum ist jedoch in keinem Fall möglich, da mit dem Tod keine Zellteilung mehr stattfindet.«

»Gibt es eigentlich verschiedene Möglichkeiten, Leichen zu sezieren?«, wollte eine junge Frau wissen, die uns bereits Dutzende von Fragen gestellt hatte. Wahrscheinlich würde sie sich demnächst für ein Praktikum bewerben.

Gern erzählte ich ihr etwas aus der Medizingeschichte, einem meiner Steckenpferde. »Im deutschsprachigen Raum haben sich drei Sektionstechniken durchgesetzt. Zum einen die Methode des Wiener Pathologen Carl von Rokitansky, der die Innereien en bloc entnahm und erst außerhalb des Leichnams präparierte. Zum anderen die Methode von Friedrich Albert von Zenker aus Erlangen, der die Herausnahme der Organpakete bevorzugte, und schließlich jene von Rudolf Virchow aus Berlin, der jedes Organ einzeln aus dem Körper entnahm und sezierte.«

Wir zeigten interessierten Besuchern auch unser Präparatorenbüro, in dem die Zeit seit 1910 stehen geblieben ist. Hier befindet sich Originalmobiliar aus der Anfangszeit des Instituts. Es ist ein erhebendes Gefühl, in diesem Ambiente zu arbeiten, in dem unsere Vorgänger so viel bewegt haben!

Einer der Besucher deutete auf die große Weltkarte, die wir an der Bürotür befestigt haben: »Finden Sie überhaupt die Zeit, so viel herumzureisen? Sie sind doch ziemlich beschäftigt, wie man so hört.«

»Was meinen Sie damit?«, fragte Ralph.

»Na ja, all die Nadeln, die da drinstecken. Da waren Sie doch überall im Urlaub, oder?«

Ralph und ich grinsten und antworteten wie aus einem Mund: »Überall dort liegen unsere einbalsamierten Leichen.«

In Thessaloniki steckt die Nadel mit dem dicksten Kopf, denn in München lebt die größte griechisch-orthodoxe Gemeinde außerhalb Griechenlands, und viele Griechen möchten in ihrer ursprünglichen Heimat bestattet werden, wohin sie nach der Einbalsamierung – die laut griechischem Konsulat Pflicht ist – überführt werden.

Im Jahr 2006 flog ich mit meiner Frau Margit – tatsächlich im Urlaub! – nach Thessaloniki. Während einer Stadtrundfahrt verließen wir unsere Reisegruppe, um einen Abstecher zu einem Bestatter zu machen, von dem ich vor einiger Zeit eine Visitenkarte erhalten hatte. Margit ist solche Eskapaden gewöhnt. Längst ist der Funke der Begeisterung auf sie übergesprungen.

Der Taxifahrer, dem ich die Visitenkarte des Bestatters reichte, schaute uns aus großen Augen ungläubig an. Immer wieder deutete er auf die Visitenkarte und schüttelte den Kopf. Er konnte sich nicht vorstellen, was zwei Touristen bei einem Bestatter wollten. Mit Händen und Füßen machten wir ihm begreiflich, dass wir im Vollbesitz unserer geistigen Kräfte waren. Schließlich durften wir einsteigen, und er brachte uns zu der Adresse auf der Visitenkarte. Dort wurde geschwind telefoniert, und ein sehr gut deutsch sprechender Grieche, Herr Konstantin, begrüßte uns herzlich und chauffierte uns zum Friedhof, wo sehr viele »unserer« Toten liegen beziehungsweise lagen. In Thessaloniki werden die Verstorbenen nach drei Jahren ausgegraben und die Gebeine separat in Nischen zur Ruhe gebettet. Beeindruckt bestaunten wir die gigantischen marmornen Grabsteine. So etwas gibt es in unserer bayerischen Heimat nicht. Der nette Herr Konstantin, der drei Jahre lang in Köln gelebt hatte, zeigte uns auch das Sarglager seiner Firma, des größten Bestattungsunternehmens in Thessaloniki und Umgebung. Wir erfuhren etwas über die Abläufe beim Einsargen, und zum Abschluss fuhr uns Herr Konstantin noch zu den großen Aufbahrungsräumen seiner Firma, die mich an ein Funeral Home in Amerika erinnerte. So etwas schaue ich mir immer gern an und habe von hier und dort schon gute Ideen für weitere Verbesserungen mit nach Hause genommen. Im Erdgeschoss des Gebäudes befand sich ein weitläufiger Saal, in dem Trauergäste bewirtet werden konnten. Eine derartige Einrichtung war mir in Deutschland noch nicht begegnet. »Wie praktisch«, nickte auch meine Frau.

»All inclusive«, stimmte unser Nekropolenführer, Herr Konstantin, zu, und ich war mir nicht sicher, ob er das für einen deutschen Begriff hielt.

Im Land der Leichenräuber

1993 wurde meiner Bewerbung um einen 14-tägigen Personalaustausch mit unserem Partnerkrankenhaus Royal Infirmary Edinburgh stattgegeben. Im Sommer flog ich in die schottische Hauptstadt, wo mich mein Partner Harry Barbour am Flughafen abholte und zu meiner Unterkunft in einem Schwesternwohnheim brachte. Harry und ich verstanden uns auf Anhieb, und ich freute mich schon, ihn bald auch durch unser Institut führen zu können, wenn wir die Rollen tauschen würden. Doch nun war zuerst einmal ich der Gast.

Harry parkte vor dem Schwesternwohnheim. »Immer wenn ich viele Krankenschwestern auf einem Haufen sehe«, sagte ich zu ihm, »fällt mir eine Geschichte ein.«

»Schieß los!«, forderte er mich grinsend auf. »Ich habe eine Schwäche für Geschichten mit Krankenschwestern.«

»Ich weiß nicht, ob du das hören möchtest.« Ich grinste nun auch und erzählte ihm von der Außensektion mit Dr. Högl im Krankenhaus der Stadt Neuburg an der Donau, wo wir den Verstorbenen gerade auf den Sektionstisch gelegt hatten, als sich die Tür öffnete und ungefähr 15 bis 20 Lernschwestern in den Saal strömten.

»Hier findet eine Sektion statt«, versuchte Dr. Högl sie aufzuhalten.

»Deshalb sind wir hier. Man hat uns von der Station nach unten geschickt. Wir haben selten Sektionen im Haus, und unser Chef meint, wir sollen uns diese Gelegenheit nicht entgehen lassen.«

Harry seufzte. »Du hast recht, Alfred. Geschichten mit Krankenschwestern stelle ich mir anders vor.«

Mein komfortables Apartment im Schwesternwohnheim befand sich im obersten Stockwerk. Der Kühlschrank war voll, und auf dem Tisch lagen Essensmarken für die Kantine. Am besten gefiel mir, dass im Erdgeschoss die Pathologie untergebracht war – so nah hatte ich noch nie an einem Sektionssaal gewohnt. Harry arbeitete als Techniker für Dialysegeräte und war viel unterwegs, da er verschiedene Stationen betreute. So lernte ich auch einige Dialysepatienten kennen. Harry, der genauso kontaktfreudig war wie ich und ein interessantes und abwechslungsreiches Programm für meinen Besuch geplant hatte, stellte mich vielen seiner Kollegen vor und erzählte auch Medizinern von dem Gast aus Deutschland.

»Professor Gardner möchte dich gerne treffen«, ließ er mich schon am zweiten Abend wissen. Dann zwinkerte er mir zu. »Ich denke, es könnte nicht schaden, wenn du deinen Koffer mitnimmst.«

Harry wusste natürlich, was sich in der großen Alukiste befand: Plastinate und Dias über die Technik der Plastination. Am nächsten Tag fuhren wir in das Museum des Royal College of Surgeons, und Harry stellte mich Professor Gardner, dem Leiter des Museums, vor. Ich präsentierte meine Präparate, und der Professor staunte über die Plastinate, die seinerzeit noch nicht so bekannt waren wie heute. Ich bot ihm an, Exemplare für sein Museum anzufertigen. Professor Gardner war entzückt und lud mich zu einer Führung durch das Museum ein. Bis heute ist mir der Rundgang durch die Medizingeschichte des britischen Königreichs unvergessen geblieben. Ich besichtigte zahlreiche Originale aus dem 18. und 19. Jahrhundert, darunter sehr seltene Präparate. Die plastischen Szenerien, die Originalzimmer des Chirurgen Joseph Lister (1827–1912) und des Anatomen Robert Knox (1791–1862) zeigen, begeisterten mich. Zwischen einem Skelett und Originalpräparaten saß Robert Knox als Wachsfigur an seinem Schreibtisch. Zu seiner Zeit war es für Anatomen oft schwierig, genügend Leichen zu beschaffen, an denen die Studenten lernen konnten. Leichenraub war deshalb gang und gäbe, und wer es sich leisten konnte, sicherte sein Grab durch Eisenstäbe und andere Konstruktionen vor den Body Snatchers – Leichenräubern. Ärmere Leute beschützten ihre Verstorbenen mit Grabwachen. Doch die Body Snatchers waren erfinderisch. Unter Dr. Knox' Lieferanten befanden sich zwei besonders heimtückische Gesellen, William Burke und William Hare, die sich die Aufgabe etwas angenehmer gestalten wollten, das Prozedere abkürzten und die Leichen nicht durch Ausgraben beschafften, sondern durch Töten. Das erleichterte ihnen nicht nur die Arbeit, es lohnte sich auch, denn je frischer die Leiche, desto mehr Geld zahlte Dr. Knox. Nach dem 16. Mord wurden die beiden Body Snatcher gefasst. Während Hare als Kronzeuge auftrat, wurde Burke 1829 öffentlich gehängt. Auf der Totenmaske von Burke ist der Abdruck des Henkerstricks deutlich zu sehen.

Sein Skelett steht im Anatomischen Museum der Universität Edinburgh. Seine Haut wurde abpräpariert und gegerbt, und einen Teil davon konnte ich ebenfalls besichtigen: als Buchumschlag.

Harry verschaffte mir auch eine Einladung in das Polizeihauptquartier von Edinburgh. Das Besucherschildchen, das ich am Eingang ausgehändigt bekam, halte ich heute noch in Ehren. Mein schottischer Austauschkollege ermöglichte mir zudem eine Führung durch das Labor der Kriminaltechniker, deren Mitarbeiter die Spuren an Gegenständen, Kleidungsstücken, Materialien unter die Lupe nahmen und beispielsweise im Jahr 1988 an der Aufklärung des Lockerbie-Anschlags mitarbeiteten. Bei diesem Bombenanschlag auf einen Jumbo der amerikanischen Fluglinie Pan Am kamen alle 259 Insassen der Maschine und elf Einwohner von Lockerbie ums Leben. Nachdem der Chef der Abteilung mir ausführlich von den damaligen Untersuchungen berichtet hatte, zwinkerte Harry mir zu – das Zeichen, meinen Alukoffer zu öffnen! Der Chef trommelte seine Mitarbeiter zusammen. Es wurde sehr eng in seinem Büro, als ich die Technik der Plastination erörterte.

Natürlich zeigte mir Harry auch einige Sehenswürdigkeiten Schottlands – und erfüllte mir meinen Wunsch, Loch Ness zu besuchen. Leider versteckte sich Nessie vor uns. Nach Hause fuhren wir über den Whisky Trail, wo die bekanntesten Whiskybrennereien Schottlands beheimatet sind. In der Brennerei Dalwhinnie amüsierte ich mich bei einer Führung über ein deutsches Ehepaar aus Düsseldorf, das sich genauso deutsch verhielt, wie man als Deutscher nicht sein möchte. Ich flüsterte Harry ins Ohr, dass ich ab sofort sein Landsmann sei und er keinesfalls deutsch – er sprach es gern, wenn auch holprig – mit mir reden sollte. Grinsend nickte er. Nach dem Rundgang kam es unter dem für Whiskybrennereien typischen Pagodendach zur Verkostung. Harry und ich standen mit unseren Whiskygläsern in einer Ecke, als die Düsseldorferin ihren Mann fragte, wie man diesen schottischen Malt eigentlich trinke, ob man ihn im Mund herumschwappen oder zügig schlucken müsse und mit oder ohne Eis und wenn mit Eis, dann mit wie viel.

»Frag doch die zwei Einheimischen da«, riet ihr der Gatte und wies auf uns. Und schon stand sie vor uns, schaute mich an und stellte ihre Frage.

Ich nahm all meine Sprachkenntnisse zusammen und erwiderte in fast akzentfreiem schottischem Englisch: »Scottish Malts you have to drink only without ice and without water.«

»Thank you very much«, bedankte sich die Düsseldorferin entzückt.

Harry brachte mich auch in das Institut für Rechtsmedizin, wo ein klein gewachsener Chef mit großer Ausstrahlung mir die Mitarbeit an einer Sektion anbot. Er selbst wurde zu einem anderen Fall gerufen, als ich im Kreis seiner Studenten die Organe entnahm und ihnen erklärte, dass die Herausnahme im Ganzen nach Rokitansky benannt sei: »Vienna: the second school.«

»Ah«, machten die Studenten, und an ihren Gesichtern konnte ich ablesen, dass sie noch nie von Rokitansky gehört hatten oder vermuteten, dass ich scherzte. Als ihr Chef kurz darauf von der Sektion einer stark verfaulten Leiche zurückkehrte, warf er einen Blick auf den Organtisch und rief: »Oh! Rokitansky style!«

Nachdem ich die Leiche zugenäht hatte, bestaunten die Anwesenden meine Nahttechnik, und ich wurde gefragt, ob ich nicht vielleicht hierbleiben wolle. Ich bedankte mich für das Angebot, ließ jedoch keinen Zweifel daran, dass ich meine berufliche Heimat im Institut für Pathologie in München-Schwabing gefunden hatte.

Die Studenten baten mich um einen Vortrag zur Plastination. Sie hatten bereits einen kleinen Saal mit Diaprojektor reserviert – und der wurde voller und voller; sogar als ich längst begonnen hatte, strömten immer noch Menschen herein, die meisten der Zuspätkommer trugen schwarze Anzüge mit Krawatte. Recht ehrwürdig sahen die oft älteren Herren aus, und mir wurde fast ein bisschen mulmig. Doch was sollte mir schon passieren! Im Englischen war ich mittlerweile ebenso sattelfest wie in der Plastination. Ich erntete viel Applaus und fragte einen der Studenten, woher denn diese Herrschaften in den Anzügen plötzlich gekommen seien.

»In Edinburgh findet derzeit die britische Pathologentagung statt. Das waren wohl Ärzte und Professoren.«

»Ja dann«, erwiderte ich und grinste in mich hinein.

Hurtiger Hippokrates

Immer wieder einmal werden wir von Bestattungsunternehmen gebeten, Schulungen zum Thema Infektionsschutz, Desinfektion und Hygiene zu halten. So stellten wir für einen großen Münchner Bestattungsunternehmer einen Vortrag zusammen, der den Transport von hochinfektiösen Leichen – wie beispielsweise nach Lassa- oder Ebola-Fieber – thematisierte. Auslöser hierfür war, dass es im Jahr 2000 in Würzburg bei der Versorgung einer an Lassa-Fieber verstorbenen Patientin Probleme bei der Abholung durch den Bestatter gegeben hatte. Keiner wusste so recht, wie mit einer solchen Leiche zu verfahren war. Der Bestatter brachte den Sarg in die Klinik und verabschiedete sich sofort wieder: »Mit so einer Seuchenleich wollen wir nichts zu tun haben.« Der Zinkeinsatz, der zur Sicherung eingebracht worden war, musste später wieder entfernt werden, da er einer Verwesung im Erdgrab im Wege stand. Eine Einäscherung mit Innensarg kam auch nicht infrage, da das Zink die Filteranlage eines Krematoriums überfordern würde und dann bis zu 200 Gramm reinen Zinkstaubs in die Umwelt gelangen würden, was einen Verstoß gegen das Emissionsschutzgesetz dargestellt hätte.

Wir setzten uns also mit den Infektologen des Klinikums und Siegfried Ippisch, Fachmann für Infektions- und Umwelthygiene vom Gesundheitsamt in Erding zusammen, das unter anderem zuständig für den Flughafen München ist. Gemeinsam erstellten wir ein Konzept, wie hochkontagiöse Leichen optimal und ohne Gefährdung aller Beteiligten versorgt werden können. Hierzu entwickelten wir drei Szenarien und hatten im April 2004 die Gelegenheit, eines davon in der Praxis zu prüfen. Unter dem Titel »Hurtiger Hippokrates« fand im Krankenhaus Schwabing eine alle zwei Jahre wiederholte zivil-militärische Zusammenarbeitsübung statt. Ich nahm Kontakt zur Münchner Berufsfeuerwehr auf, die ein entsprechendes Fahrzeug mit Container zum Transport von schwergewichtigen Patienten bereithält. Mit diesem Gefährt würde auch ein hochinfektiöser Patient transportiert werden. Folgendes Szenario spielten wir vor 40 Leuten erfolgreich durch:

Die Feuerwehr wird gerufen, um im Stadtbereich München einen Patienten ins Klinikum Schwabing zu fahren, weil sich hier eine spezielle Isolierstation befindet. Auf dem Transport in die Klinik verstirbt der Patient und muss entsprechend ausgeschleust werden.

Zu dieser Frage besprach ich mich mit dem damaligen Vorstand des Instituts für Rechtsmedizin, Professor Eisenmenger, wie wir juristisch einwandfrei vorgehen sollten. Außerdem holte ich zwei große Münchner Bestattungsunternehmen mit ins Boot, die damals für die Übung unverzichtbar waren. Heute sind wir unabhängig von Bestattern in der Lage, eine solche Leiche dergestalt zu versorgen, dass wir sie komplett desinfiziert an die Bestatter übergeben können.

Wie in solchen Fällen üblich teilten wir das betroffene Areal in drei unterschiedliche Gefahrenzonen ein, die kennzeichnen, wie hoch die Ansteckungsgefahr im jeweiligen Bereich ist. Wer im schwarzen, dem gefährlichsten Bereich arbeitete wie Ralph, die Rechtsmedizinerin und ich, steckte von Kopf bis Fuß in Schutzkleidung. In der grauen und schließlich weißen Zone ist die Gefahr geringer.

Wieder einmal kamen mir meine guten Kontakte zu Filmleuten zugute, die mir aus der Requisite einen Dummy ausliehen, der die Leiche darstellte. Die Übung begann mit der Ausschleusung beider Feuerwehrleute aus dem Fahrzeug. Wir desinfizierten ihre Anzüge, damit sie sich in der nächsten Zone entkleiden konnten. Mit der Rechtsmedizinerin führte ich im Fahrzeug eine Untersuchung der »Leiche« durch – eine äußere Inspektion mit Gewebeprobe. Damals war in diesem Fahrzeug eine Sektion unter den geforderten hohen Sicherheitsstandards nicht möglich. Heute haben wir ein passendes Fahrzeug für solche Fälle. Daraufhin schleusten wir unsere »Leiche« in den nächsten Bereich, wo eine graue Plastikfolie bereitlag, die von dem Team um Ralph desinfiziert und fest verschlossen in weißer Folie in den nächsten Bereich gebracht wurde. Zum Schluss der Kette warteten die Bestatter auf den neutralisierten Leichnam in Weiß, um die Einsargung vorzunehmen. In solchen Fällen kann Angehörigen die Möglichkeit zur Verabschiedung von ihren Verstorbenen nicht mehr eingeräumt werden. Der Sarg bleibt zu und muss feuerbestattet werden.

Selbstverständlich haben wir auch Pläne in der Schublade, wie bei einer Masseninfektion zu verfahren ist. Wir würden im Freien ein Feld abstecken mit Zu- und Abfahrten für Kühltransportlastwagen, die durch Desinfektionsschleusen ausfahren müssten – vergleichbar mit dem Vorgehen bei der Vogelgrippe in Norddeutschland vor einigen Jahren. Entscheidend ist, dass die Verstorbenen nach Verlassen der Desinfektionsschleuse ohne Bedenken versorgt werden können, da die Desinfektionsmaßnahmen innerhalb der entsprechenden Zonen stattgefunden haben. Unsere Arbeitsweise ist sehr sicher und bietet der Bevölkerung höchsten Schutz.

Selige Gebeine

Anfang 1988 wurde ich von meinem Kollegen Henry Klein im Institut für Rechtsmedizin gebeten, die Reliquien des 1899 verstorbenen Paters Kaspar Stangassinger aus Gars am Inn in Augenschein zu nehmen, da sie zur Seligsprechung für eine sogenannte Gebeinekiste präparationstechnisch aufbereitet werden sollten. Als ich im Institut ankam, umstanden die Professoren Spann und sein Oberarzt Eisenmenger sowie zwei Vertreter der Erzdiözese München-Freising und mein Kollege Henry den Sektionstisch, auf dem einige durch korrodiertes Metall verschmutzte Knochen lagen, die zweifellos aus einem Erdgrab stammten.

Nach der Begrüßung wurde ich von den Anwesenden mit Fragen bombardiert.

»Herr Riepertinger, was würden Sie empfehlen?«

»Meinen Sie, wir können diese Knochen herrichten?«

»Können Sie die vielleicht plastinieren?«

»Oder was schlagen Sie sonst vor?«

»Wie beurteilst du die Sache, Alfred?«

Professor Eisenmenger wandte sich an die Kirchenvertreter und stellte jene Frage, die über das weitere Prozedere entscheiden würde: »Wäre es liturgisch ein Problem, die Knochen mit Kunststoff zu imprägnieren?«

»Aber nein!«

»Ja dann«, sagte ich.

»Wunderbar!«, rief einer der Kirchenmänner.

»Leider nicht«, schränkte mein Kollege ein. »Soviel ich weiß, findet die Seligsprechung in Kürze statt?«

»Ja! Schon sehr bald!«

»Eine Plastination nimmt ungefähr drei Monate in Anspruch«, erklärte ich.

»Um Himmels willen!«

»Kann man das nicht abkürzen?«

Ich schüttelte den Kopf und führte aus, warum. »Der Plastinationsprozess beginnt mit der Fixation der Gewebe, die rund eine Woche dauert. Im Anschluss muss das Gewebe entwässert und entfettet werden mittels Gefrieraustausch, das heißt in minus 25 Grad kaltem Aceton, wobei das Acetonbad noch zweimal gewechselt wird. Erst wenn das Präparat wasser- und fettfrei ist, kann ich es in den Plastinationskunststoff, ein spezielles Silikon, einlegen, das in einem Vakuumkessel ebenfalls bei minus 25 Grad in der Tiefkühltruhe steht. Der Vorgang dieser ›forcierten Imprägnation‹ dauert 14 Tage. Schlussendlich muss das Silikon ausgehärtet werden in der sogenannten Gashärtung, das benötigt noch mal zwei Wochen Zeit.«

»Nein, das ist unmöglich! So lange können wir nicht warten.«

»Was sollen wir also machen, Herr Riepertinger?«

»Ich würde vorschlagen, dass Henry«, fragend schaute ich ihn an, und er nickte, »die Knochen mit destilliertem Wasser spült. Anschließend würde ich sie, auch wenn kein Eiweiß drin ist, in zehnprozentiges Formalin einlegen, bleichen, wässern und trocknen. Abschließend würde ich sie mit einem feinen Lack überziehen.«

»Genau«, stimmte mein Kollege zu, der dies dann auch sehr motiviert zur Zufriedenheit aller ausführte und später beim Seligsprechungsgottesdienst neben dem damaligen Münchner Kardinal Friedrich Wetter sitzen durfte.

Zum Glück kommt es nicht allzu oft vor, dass ich Spezialaufträge ablehnen muss. Einen solchen stellte auch die kleine Meerjungfrau dar, wie ich sie in meiner Erinnerung nenne. Die Beine des Mädchens waren zusammengewachsen, und es verstarb eine Woche nach der Geburt an Nierenversagen. Als Sirenenmissbildung werden diese seltenen Fälle in Anlehnung an die griechische Mythologie bezeichnet – die Meerjungfrau mit dem Fischschwanz. Bei der Sektion konnten wir die Veränderungen der missgebildeten Organe sehr gut darstellen, und der Obduzent Dr. Josef Stern sagte immer wieder: »Das muss für die Nachwelt aufbewahrt werden.«

Er schien dabei mit sich selbst zu sprechen, erst beim vierten oder fünften Mal schaute er mir in die Augen.

»Kein Problem«, sagte ich.

Er klang aufgeregt. »Ich möchte aber auch die Histologie haben.«

»Dann werden wir die Organe abformen müssen.«

»Es gibt also eine Möglichkeit?«, fragte er mich.

»Theoretisch. Aber ich hab das noch nie gemacht.«

»Kennst du einen, der das kann?«

Ich überlegte kurz. »Der Hauptpräparator der Anatomie könnte es mir wahrscheinlich zeigen. Hans Buchheim.«

»Worauf warten wir dann noch?«, fragte Jupp. Er wirkte nicht nur aufgeregt – er war es!

Heute wäre so ein Auftrag ein Klacks für mich – doch damals lebten wir ja quasi noch in der Steinzeit, der Präplastination!

Im Anatomischen Institut in der Pettenkoferstraße zeigte Hans Buchheim uns, wie wir mit Silikon Abformungen durchführen konnten. Danach besorgte ich mir von einer großen Chemiefirma Abformsilikon. Wir fotografierten die Präparate und trennten sie anschließend voneinander. Die Einzelstücke überzog ich mit Paraffin. Nie wieder habe ich seither mit solch winzigen Abformbehältern gearbeitet: Streichholzschachteln. Ich stellte Dutzende von filigranen Abformungen her. Als Positivmaterial diente mir eine Wachsmasse. Den Enddarm formte ich mit Porcellin, aus dem sonst Porzellanprodukte hergestellt werden. Mithilfe der Fotografien setzte ich die abgeformten Stücke wieder zusammen. Die kleinen Verbindungen dazwischen formte ich aus Wachsfäden, die ich über einer Flamme weich machte. Jupp freute sich genauso wie ich über den dreidimensionalen Abguss der inneren Orange, die er nun histologisch aufarbeiten lassen konnte.

Das verstorbene Neugeborene richtete ich nach der Sektion mit größter Achtsamkeit her. Wir waren den Eltern sehr dankbar, dass sie uns ihr geliebtes Kind für unsere Sammlung überließen.

»Leicht fällt uns das nicht«, sagte der Vater.

»Aber wir wissen, dass wir auch der Allgemeinheit gegenüber verpflichtet sind«, stimmte die Mutter zu. »Unser Kind ist nun mal ...«

» ... etwas ganz Besonderes«, fügte ich hinzu.

»Und irgendwie lebt es ja nun doch weiter. In Ihrer Sammlung.«

»Es ehrt Sie sehr«, bedankte ich mich, »dass Sie der Wissenschaft diesen Vorrang geben.«

Im Übrigen hat es sich gezeigt, dass eine Obduktion an Kindern und Säuglingen für die Eltern auch eine therapeutische und prophylaktische Funktion haben kann. Die objektive Klärung der Todesursache entlastet die Eltern von Selbstvorwürfen. Und sie kann bei einem weiteren Kinderwunsch Mut machen, wenn ausgeschlossen wurde, dass eine genetische Erkrankung den Tod des Kindes verursachte. Oder sie kann Paaren umgekehrt einen langen Leidensweg ersparen und sie manchmal vielleicht auch darin bestärken, nach unkonventionellen Wegen für ihren Kinderwunsch zu suchen.

Warten auf Moshammer

Am Freitag, dem 14. Januar 2005, erfuhr ich vormittags von einem Bestatter, der gerade eine Leiche bei uns abholte, dass man den Modezar Rudolph Moshammer tot in seiner Villa aufgefunden hatte, mit einem Stromkabel erdrosselt.

»Aha«, sagte ich. Da war eine Einbalsamierung wahrscheinlich, denn Moshammers Mutter Else ruhte in einer Gruft am Münchner Ostfriedhof, die mittlerweile zur Pilgerstätte für Mosi-Fans und Touristen geworden ist. Bei Gruftbeisetzungen ist es ratsam, die Verstorbenen einzubalsamieren.

Bald schon stellte sich heraus, dass Rudolph Moshammer obendrein in zwei Kirchen öffentlich aufgebahrt werden sollte, und da diese nicht zu den Friedhofsgebäuden zählten, war eine Einbalsamierung sogar zwingend notwendig.

Ich rechnete also fest mit einem Anruf in der Causa Moshammer. Der kam aber nicht. Erst am Sonntag gegen 18 Uhr klingelte das Telefon bei mir zu Hause. Ein Reporter wollte wissen, wann ich die Einbalsamierung von Rudolph Moshammer durchführen würde.

»Da wissen Sie mehr als ich«, sagte ich, über diese Dreistigkeit staunend. Natürlich hätte ich der Presse gegenüber selbst dann nichts verlauten lassen, wenn wir den Auftrag erteilt bekommen hätten. Doch wir hatten ihn nicht. Auch am Montag und Dienstag meldete sich niemand bei uns, während die Gerüchteküche nur so brodelte. Rudolph Moshammer war eine schillernde Figur der Schickimickiszene gewesen, der sich gern als König Ludwig verkleidet hatte, sich aber zugleich mit seiner Mutter rührend um die Münchner Obdachlosen kümmerte. Seine Fans allerdings liebten ihn mehr für seine Spleens und sorgten sich nun um Moshammers Ein und Alles: das Schoßhündchen Daisy – womöglich die Alleinerbin. Wie sollte man in München jetzt noch feiern, fragte die Presse, ohne Mosi mit Daisy auf dem Arm, dem Yorkshireterrier, den ich gelegentlich insgeheim als bayerischen Kampfhamster bezeichnet hatte.

Nach einigem Hin und Her verdichteten sich die Anzeichen, dass Mosi am Mittwoch, dem 19. Januar, zu uns ins Institut gebracht werden sollte. Der Bestatter vom Institut für Rechtsmedizin, wo er obduziert worden war, überführte ihn ganz simpel auf einer Bergungstrage. Ralph und ich sind mittlerweile bekannt für die Qualität unserer Arbeit, weshalb man gerade bei Prominenten gerne unsere Dienste in Anspruch nimmt. Wir waren mit den Vorbereitungen beschäftigt, da holte mich eine Praktikantin ans Telefon.

»Ihr balsamiert's doch den Moshammer?«, wollte ein Reporter wissen.

»Ich kann Ihnen gern etwas über die Technik des Einbalsamierens im Allgemeinen erzählen.«

»Besser als nichts«, meinte der Reporter, und ich erklärte unsere Vorgehensweise.

»Was tät denn passieren, wenn man den Mosi nicht einbalsamieren würde?«

»Ein Leichnam, der nicht einbalsamiert wird, geht in Fäulnis über. Das Gewebe zersetzt sich.«

»Es stinkt?«

»Ja, da kommt es zu übler Geruchsbildung.«

»Also tät der Modezar dann stinken?«

»Nein. Ich rede mit Ihnen nicht über Herrn Moshammer. Sondern über tote Menschen, und das wird Sie eines Tages ebenso treffen wie mich. Fäulnis und Verwesung sind natürliche Prozesse.«

»Okay, danke«, verabschiedete sich die Stimme kleinlaut.

Ich war keine fünf Minuten im Sektionssaal, da wurde ich erneut ans Telefon gerufen. Eine Reporterin von der Konkurrenz. Ich wollte gerecht sein und erzählte alles noch einmal. Wieder im Sektionssaal, wir hatten gerade erst die Nähte der rechtsmedizinischen Obduktion geöffnet, meldete ein Zivi den nächsten Anruf. Zeitgleich erfolgte vonseiten der Krankenhausleitung ein Informationsstopp: »Über den Fall Moshammer gibt ab sofort nur noch die Pressestelle Auskunft.«

»Dann können wir wenigstens ungestört arbeiten«, nickte ich, und Ralph fügte hinzu: »Da liegt eine Menge Arbeit vor uns.«

Als wir den Sektionssaal gegen 18 Uhr verließen, sahen wir durch die Fenster einen Fotografen um das Institut schleichen. Ralph und ich wechselten einen Blick. »Das ist mir zu gefährlich«, sagte ich. »Ich sperr den Kühlraum ab.«

»Gute Idee«, meinte Ralph.

Niemals zuvor hatte ich unseren Kühlraum verschlossen. Doch jetzt erschien diese Maßnahme ratsam. Ralph und ich kontrollierten sämtliche Fenster, Türen und Eingänge des Instituts. Das hätte uns gerade noch gefehlt, ein Bild vom toten Mosi auf einer Titelseite und darüber eine scheinheilige Schlagzeile.

Nachdem Rudolph Moshammer unser Institut verlassen hatte, erschütterte ein Gerücht die Münchner: Mosi sei ohne sein Herz eingesargt worden! Ein Aufschrei ging durch die Stadt. Unser Mosi! Ohne Herz!

Journalisten bombardierten den Leiter der Rechtsmedizin, auch ich wurde bedrängt, wo sich Mosis Herz befinde. Aber wo sollte es denn schon sein – außer dort, wo es hingehörte! Im *Münchner Merkur* erschien am 15. Februar 2005 unter der Überschrift »Entwarnung: Mosis Herzl liegt im Sarg« ein kleiner Artikel, der die empörten Mosi-Fans beruhigte: »Rudolph Moshammer sei ohne Herz beerdigt worden, meldete Ende Januar eine Boulevardzeitung. War das eingefleischten Mosi-Fans schon ein Stich ins Herz, so hatte eine Illustrierte jetzt einen noch größeren Schock parat: Das Herz des ermordeten Modeschöpfers sei spurlos verschwunden.

Mosi-Fans dürfen aufatmen – von den Männern, die Moshammers Herz wirklich in der Hand hatten, kommt beruhigende Kunde: Gerichtsmediziner Prof. Wolfgang Eisenmenger, der das Mordopfer obduziert hat, versichert, das Herz sei zwar zur Obduktion entnommen, dann aber mit dem Körper zur Einbalsamierung ans Schwabinger Klinikum überstellt worden. Und dort löst sich das Gerücht um Mosis verschwundenes Herz endgültig in Luft auf: Das Herz werde bei einer Einbalsamierung >immer mit dem Körper mitgegeben<, sagt einer, der es wissen muss. >Und das war im Fall Moshammer genauso.< Kein Platz also für Horrorlegenden um den Mann, den Obdachlose als Gönner mit großem Herzen verehren.«

Blutleer

Rudolph Moshammer hätte wahrscheinlich gerne weiterge-
lebt und -gefeiert. Andere Menschen dagegen fügen sich
derart selbstzerstörerische Verletzungen zu, dass sie ihrem
Leben damit ein vorzeitiges Ende setzen.
Auch diese Verstorbenen kommen zu uns, wenn sich ihre
Angehörigen trotz alledem oder gerade deshalb von ihren
Lieben verabschieden wollen. Es bereitet natürlich wesentlich mehr Arbeit, wenn sich jemand am ganzen Körper
Schnittverletzungen zufügt, die, mit Probierschnitten be-
ginnend, zu heftigsten Einschneidungen in den Armen, im
Brust- und Bauchbereich führen, bis der finale Schnitt er-
folgt, zumeist durch die Kehle und die Halsschlagadern. Es
mag makaber klingen, doch diese Verstorbenen bieten uns
einen Vorteil, wenn sie auf dem Sektionstisch liegen: Sie
bluten nicht mehr, da sie bereits während der Sterbephase
enorm viel Blut verloren haben.

Bei einem natürlichen Todesfall kann es im Rahmen einer
Sektion durchaus blutig zugehen, sobald wir die großen
Körperschlagadern eröffnen. Das Blut eines toten Menschen ist nicht, wie viele glauben, geronnen, sondern teilweise in ein sogenanntes Leichengerinnsel, Kruor – wir

nennen es auch Speckhautgerinnsel –, übergangen; der größte Teil des Blutes ist jedoch nach wie vor flüssig. Wir stoßen allerdings erst darauf, wenn wir in die tieferen Körperregionen vordringen, da sich das Blut immer an der tiefsten Körperstelle sammelt. So darf es nicht verwundern, dass wir während der ersten Schnitte bei der Sektion kein Blut vergießen – was die Teilnehmer von Lehrsektionen stets erstaunt, die mit allem Möglichen an Schrecklichkeiten gerechnet haben, bloß nicht damit, dass nicht mal ein klitzekleiner Tropfen Blut zu sehen ist. Viele unserer Studenten waren bereits einmal Beobachter bei einer Operation, und da geht es anders zu. Kaum schneidet der Chirurg in die Haut, spritzt das Blut auch schon.

»Tupfer!«

Die pulsierenden Adern erzeugen Druck, der das Blut herausspritzen lässt. Die Blutgefäße unserer Leichen haben keinen Druck mehr. Und das Blut, das wir später vielleicht finden, spritzt nicht. Wir schöpfen es mit einer Kelle ab und gießen es in den Ausguss. Kleinere Mengen saugen wir mit einem Schwamm auf, den wir unter Wasser immer wieder ausdrücken. Bei der Organsektion austretendes Blut wird mit der Handdusche weggespült, um den Arbeitsbereich stets sauber zu halten.

Die Hauptarbeit an jenen blutarmen Toten, die sich sozusagen mutwillig entleert haben, besteht im feinen Vernähen der zahlreichen selbst zugefügten Schnitte. Selbstverletzungen werden immer am unbekleideten Körper vorgenommen. Die Täter – die zugleich ihre eigenen Opfer sind – ziehen sich vorher aus, schneiden in die nackte Haut. Bei einem Tötungsdelikt ist es dem Mörder egal, ob er durch das T-Shirt sticht. Der Suizidant entfernt meistens die Kleidungsstücke von der Stichstelle, denn er möchte verhindern, dass die Kleidung den Stich dämpft. Es besteht kein Zweifel, dass die meisten dieser derart zu Tode Gekommenen psychisch krank waren oder unter dem Einfluss von Drogen standen.

Tatwerkzeuge wie Messer bekommen wir nie zu Gesicht, können aufgrund der Stichverletzungen jedoch Rückschlüsse ziehen. Selbstmörder, die durch Erhängen aus dem Leben geschieden sind, haben öfter noch das Strangulationswerkzeug um den Hals, oder es wird der Leiche vom Institut für Rechtsmedizin mitgegeben.

Manchmal kann es einem Verzweifelten gar nicht sicher genug sein: Ich erinnere mich an einen Fall, bei dem der Suizidant sich die Pulsadern öffnete. Da er quer schnitt, anstatt längs zur Verlaufsrichtung der Adern, dauerte ihm das Sterben zu lange, und er erhängte sich, während er ausblutete, zusätzlich mit einem Elektrokabel.

Die zwei Schwestern

Der brutale Doppelmord an zwei Mädchen, acht und elf Jahre alt, in einem Vorort von München erschütterte im März 2011 nicht nur Bayern, sondern das ganze Land. Tagelang beherrschten diese Morde die Schlagzeilen der Zeitungen. Immer neue Details drangen an die Öffentlichkeit: Der Täter war mit äußerster Brutalität vorgegangen.

Ende des Monats rief mich die erfahrene Mitarbeiterin eines uns gut bekannten Bestatters an und verkündete schlicht: »Wir würden Ihnen heute noch die Mädchen bringen.«
Mehr musste sie mir gar nicht sagen.

Als ich Ralph darüber informierte, dass wir heute noch Arbeit aus der Rechtsmedizin bekämen, spürten wir beide, dass irgendetwas anders war. Dieser Doppelmord, von dem wir täglich gelesen hatten, ging allen nah. Da musste man die Mädchen und die Mutter nicht gekannt haben, die ihre zwei Kinder in ihrem Blut liegend tot aufgefunden hatte. Ralph und ich fragten uns, ob sich das, was wir nun bald sehen würden, mit den Berichten der Presse deckte. Natürlich würden uns die Körper der beiden Mädchen eine Menge verraten. Waren sie tatsächlich »bestialisch hingemetzelt« worden? Ja, sie waren es.

Einen derart brutalen Angriff auf so kleine, wehrlose Körper habe ich in meinem gesamten Berufsleben niemals zuvor gesehen. In den Zeitungen war zu lesen, dass der Täter die Mädchen sowohl erschlagen als auch erwürgt und erstochen hatte.

Bei der älteren Schwester musste es wohl ein verzweifelter Kampf um ihr Leben gewesen sein. Das dokumentierten einwandfrei die vielen Schnittverletzungen an der rechten Hand, die typisch sind für Abwehrhaltungen bei einer Attacke mit einem Stichwerkzeug. Die kleine Schwester hingegen hatte massive Strangulationsmale am Hals, die bereits in Austrocknung begriffen waren, was bedeutete, dass sie mit großer Kraft erwürgt wurde.

Ralph und ich richteten die Mädchen her, wie es unsere Aufgabe war. Doch wir fühlten uns anders als sonst. Wütend? Traurig? Das ist schwer zu beschreiben. Als wir fertig waren, lagen die Mädchen wie schlafend in ihren kleinen, bunt bemalten Särgen. Die Mitarbeiterin des Bestattungsunternehmers, die auch die Aufbahrung organisierte und den Eltern die Möglichkeit bot, sich von ihren Kindern in diesem friedlichen Zustand zu verabschieden, rief uns nach der Bestattung an und bedankte sich noch einmal.

Ich hätte gern viel mehr getan. Doch wir sind ja nicht der liebe Gott. Es tut manchmal verdammt weh, besonders wenn zwei Kinder tot vor einem liegen, die das ganze Leben noch vor sich gehabt hätten. Diese beiden Mädchen, das weiß ich gewiss, werde ich nie vergessen. Nach unendlich vielen Toten gibt es in meiner Erinnerung vielleicht zwei Dutzend, die mir für immer bleiben werden. Dazu gehören diese Kinder.

Zwölfeläuten

Ich selbst trauerte innerhalb sehr kurzer Zeit um drei sehr gute Freunde und meinen Schwager Armin. Er wurde nur 60 Jahre alt. Mit meiner Frau Margit, seiner Schwester, hielt ich abwechselnd mit anderen Familienmitgliedern Nachtwache an seinem Krankenbett. Als Armin uns für immer verlassen hatte, übernahmen Margit und ich all die Dienste, die normalerweise von Krankenschwestern an den Verstorbenen geleistet werden. Wir schlossen seine Augen und den Mund, legten seine Hände zurecht. Ich gab ihm das Bild seiner Enkel in die Hand, die er über alles liebte. Ich ließ ihn, wie es mit der Familie vereinbart war, zu mir ins Institut bringen, wo ich ihn ankleidete und ihm die Beigaben seiner Liebsten in den Sarg legte, die er nun für immer bei sich hat. All diese Verrichtungen halfen mir in meiner großen Trauer um meinen Schwager, der für mich wie ein Bruder war. Wie bei meinem Vater schloss ich den Deckel seines Sarges.

Drei Monate später starb mein guter Freund Peter, jener Schreiner, der mir einige Jahre zuvor die Bauklötze für die Aufbahrung von Kindern in unserem Institut geschreinert hatte. Obwohl von schwerer Krankheit schon länger gezeichnet, überraschte uns sein Tod. Auch ihn ließ ich zu mir ins Institut überführen, wo ich ihn liebevoll für seine letzte Reise herrichtete. Seinen drei Kindern, die ich von der Wiege an kannte, schlug ich vor, ihrem Vater Briefe zu schreiben, wenn sie ihm noch etwas sagen wollten.

»Ja, geht denn das?«

»Freilich.«

Alle drei waren dankbar für diesen Tipp. Jeder wollte dem Papa noch etwas mitgeben.

Ich schob die drei Kuverts unter seine braune Strickweste, die er über dem blauen Hemd trug, in dem ich ihn eingesargt hatte, auf seine Brust, wo das Herz nicht mehr schlug.

Und wieder war ich der Letzte, der sich von dem Verstorbenen verabschiedete, ehe ich den Sargdeckel schloss – genau wie bei Karl, meinem Eishockeyfreund, der im Mai desselben Jahres tödlich verunglückte, als er von einer Leiter stürzte.

Keine zwölf Monate vergingen, da hörten meine Frau und ich an einem Samstagmorgen plötzlich lautes Schreien auf der Straße – oder Weinen? Wir konnten die Laute nicht zuordnen und stürzten nach draußen. Da kam uns schon eine Frau entgegen: »Holger ist tot!«

Es war seine Mutter. »Was?« Wir konnten es nicht glauben. Holger doch nicht! Mein guter Freund seit so vielen Jahren und Löwen-Fan wie ich! Das musste ein Irrtum sein. Obwohl ich von außen vertraut mit den Abläufen bin, durchlebte ich nun innerlich dieselben Muster wie die meisten Menschen, die aus heiterem Himmel von solch einer Nachricht überwältigt werden. Das konnte nicht sein! Schließlich war ich mit ihm verabredet. Wir hatten doch ausgemacht, morgen zusammen das Eröffnungsspiel der Fußballweltmeisterschaft anzuschauen!

»Immer dieses Motorrad«, schluchzte Holgers Mutter.

Nach und nach erfuhren wir, dass Holger bei einem Motorradunfall tödlich verletzt worden war. Holger war kein Draufgänger. Als Familienmensch und liebevoller Vater war er sich seiner Verantwortung stets bewusst und fuhr äußerst umsichtig. Aber wem die Stunde schlägt, dem nutzt das nichts. Bei einem Ausflug mit seinen Bikerfreunden in Österreich stürzte er und prallte mit dem behelmten Kopf gegen einen Granitblock. Der Kamerad, der hinter ihm fuhr und Holger sofort zur Hilfe eilte, berichtete später von Unmengen Blut, die aus dem Helm geflossen seien.

Am selben Nachmittag noch nahm ich mit den österreichischen Behörden Kontakt auf und vereinbarte Holgers Überführung zu mir ins Institut, sobald die Österreicher den Leichnam freigaben. Ralph, der Holger auch sehr gut gekannt hatte, war ebenfalls äußerst betroffen. Als uns der Leichnam einige Tage später gebracht wurde und dieser Schrank von Mann tot vor uns lag, mussten wir beide schlucken. Wir stellten fest, dass die Wiederherrichtung nach der Sektion in Österreich nicht optimal verlaufen war, was mich ärgerte. Aber das würden wir schon hinkriegen, Ralph und ich, wir würden es besser machen. Und das machten wir. Bei der Arbeit vergaßen wir, dass der Tote vor uns Holger war, und richteten ihn so her, dass sich seine Familie von ihm verabschieden konnte.

Drei Wochen nach seinem Tod hätte Holger einen Termin gehabt, für den er sich zum ersten Mal in seinem Leben einen Anzug gekauft hatte. Holger trug nie Anzüge, doch für die Hochzeit seines Schwagers hätte er sich in Schale geworfen. Eine Schale, die Ralph und ich ihm nun anlegten. So wurde sein Festtagsanzug zum Begräbnisanzug.

Während wir ihn ankleideten, dachte ich an manche unserer Gespräche zurück. Ich war mir absolut sicher, dass Holger sich diesen letzten Dienst, den ich ihm nun erwies, von mir gewünscht, wenn nicht sogar erwartet hätte. Hin und wieder hatten wir, wenn auch nur andeutungsweise, darüber gesprochen – so wie auch mit Armin, Peter oder Karl –, nach dem Motto: Wenn ich mal nicht mehr da bin, weiß ich mich in besten Händen ... du machst das dann schon.

Ja, ich machte es, obwohl ich es jedes Mal von mir gewiesen hatte: »Das bleibt mir hoffentlich erspart, und außerdem bin ich älter als du. Ich geh vor dir.«

Ich reservierte den Aufbahrungsraum für Holgers Familie und bat sie zur Verabschiedung ins Institut. Und auch ich verabschiedete mich schließlich von ihm mit meiner Sargbeigabe, einem Schal des TSV 1860 München. Nie mehr würde ich Seite an Seite mit Holger im Stadion stehen. Holger war tot. Ich würde ihn nie mehr sehen, nie mehr seine Stimme hören, ihn nie mehr zufällig auf der Straße treffen, würde nicht mehr mit ihm telefonieren – genauso wie mit Armin, Peter und Karl.

Auch dieses Buch werden meine Freunde nicht mehr lesen können. Oder doch? Was machen die da droben eigentlich den lieben langen Tag, man kann doch nicht rund um die Uhr Weißwürscht essen mit dem Brandner Kaspar.

Aber das wissen die schon selber: Echte Weißwürscht erleben das Mittagsläuten nie!

Danksagung

Dank sage ich meinen verstorbenen Eltern Rudolf und Anna Riepertinger, die mir den besten Start in mein Leben ermöglicht haben.

Meinem Bruder Wastl danke ich für die präzisen Vorlagen auf meinem Lebensweg. Und natürlich für den Tipp mit der Zivildienststelle im Schwabinger Krankenhaus, die wie für mich geschaffen war!

Dr. Ernst Keiditsch: Danke für den Knödlwascher, einen zeitlos anwendbaren Begriff!

Uwe Kostelecky: Unsere Wurstsemmeln und die Spiegeleier mit Speck sind mir unvergessen und gehören mit zu meinen schönsten Erinnerungen an unsere Freundschaft.

Dank an meine Chefärzte, die Professoren Dr. Erich Langer, Dr. Karlheinz Wurster und Dr. Andreas Nerlich für ihre Unterstützung.

All den Ober- und Assistenzärzten, allen voran den Doktoren Igor Babaryka und Bernhard Högl, Professor Josef

»Jupp« Stern, den Doktoren Ingolf Zimmermann und Hans-Peter Aßmus, die mein präparationstechnisches Können immer wieder gefordert haben.

Meinen Lehrern Othmar Vesely, Hans Buchheim und Günther Zabel, die mich großzügig und ohne Geheimniskrämerei an all ihrem präparatorischen Wissen teilhaben ließen.

Ich danke den Vorständen des Instituts für Rechtsmedizin der Universität München, den Professoren Dr. Wolfgang Spann und Dr. Matthias Graw, bei denen ich immer um Rat nachfragen konnte und kann. Herrn Professor Dr. Wolfgang Eisenmenger danke ich darüber hinaus für die fachkundige Beratung und Korrektur des Buchmanuskripts.

Dr. Gunther von Hagens und seiner Frau Dr. Angelina Whalley danke ich für ihre Freundschaft und die unermüdliche Unterstützung, wenn es um unsere gemeinsame Welt, die Körperwelt, die Plastination geht.

Allen meinen Berufskolleginnen und Kollegen, den Präparatorinnen und Präparatoren aller Fachbereiche für den regen und konstruktiven Informationsaustausch, besonders meinem Kollegen Ralph Gillich für seine nunmehr über 18 Jahre währende kollegiale Freundschaft.

Meiner lieben Frau Margit danke ich dafür, dass sie an meiner Leidenschaft immer wieder teilnimmt und mit mir seit nunmehr über 14 Jahren in dieselbe Richtung läuft!

Dem Heyne Verlag, der in meinem Leben mit den Toten ein Buch erkannte.

Ich danke allen Verwandten, Freunden, Kolleginnen und Kollegen und Bekannten, den Lebenden und den Toten, auch jenen, die ich nicht namentlich genannt habe, für ihre Begleitung auf meinem Lebensweg ... von Ost nach West.

Ich danke sehr herzlich der lieben Shirley Michaela Seul, die den Erfahrungen und Erlebnissen meiner 35-jährigen Berufslaufbahn schriftstellerisches Leben einhauchte.

Literaturempfehlungen und Quellennachweise

Anders, Peter: Was vom Tode übrig bleibt, München 2011

Bankl, Hans: Im Rücken steckt das Messer, Wien 2001

Ders.: Der Pathologe weiß alles ... aber zu spät, Wien 1997

Benecke, Mark: Mordmethoden, Köln 2002

Ders.: Dem Täter auf der Spur: so arbeitet die moderne Kriminalbiologie, 6. Auflage, Köln 2011

Dietz, Madeleine: Side by side, Kassel 2007

Dürwald, Wolfgang: Gerichtliche Medizin, Leipzig 1981

Ende-Pichler, Gabriele von: Wenn plötzlich alles ganz anders ist, München 2007

Jütte, Robert: Empfehlungen zum Umgang mit Präparaten aus menschlichem Gewebe in Sammlungen, Museen und öffentlichen Räumen, Köln 2003

Katz, Joachim: Leben und Werk des Pathologen Prof. Dr. Siegfried Oberndorfer, München 2005

Meister, Peter: Schlägt das Münchner Bierherz noch?, München 1990

Riepertinger, Alfred: Versorgung, Ausschleusung, Transport und Bestattung von hoch kontagiösen Verstorbenen, in: Proceedings: Biologische Gefahren in Deutschland, Seite 301-319, Bundesamt für Bevölkerungsschutz und Katastrophenhilfe, Bonn 2011

Rückert, Sabine: Tote haben keine Lobby, Hamburg 2000

Seul, Michaela: Hospizarbeit und Palliativbetreuung, München 2009

Seul, Michaela: Leben ohne Leander, Münster 1998

Spann, Wolfgang: Kalte Chirurgie, Landsberg 1995

Thorwald, Jürgen: Das Jahrhundert der Chirurgen, Wien 1956

Whalley, Angelina/Wetz, Franz Josef (Hrsg.): Der Grenzgänger – Begegnungen mit Gunther von Hagens, Heidelberg 2010

Wirth, Ingo: Tote geben zu Protokoll, Augsburg 1999

Die härtesten Fälle des legendären Mordermittlers

Einen der gefährlichsten Serienmörder Deutschlands hat Josef Wilfling überführt und andere spektakuläre Fälle gelöst. Dass aber die Macht der Täter über ihre Tat hinausreicht, zeigt der legendäre Mordkommissar in seinem neuen Buch. Denn jeder Mord zieht komplexe Folgen nach sich: das lebenslange Leid der Opferfamilie, die Stigmatisierung der Angehörigen des Täters – und oft bekommen auch die Ermittler die Folgen eines Mordes am eigenen Leib zu spüren.
Ganz offen schildert Wilfling Situationen, in denen auch er an seine Grenzen kam.

Josef Wilfling
VERDERBEN
Die Macht der Mörder
HEYNE‹